Kleines und Großes Hufeisen

Anne-Katrin Hagen

CADMOS

REITERPRAXIS

Lesen
Lernen
Wissen

Anne-Katrin Hagen

Kleines und Großes Hufeisen

Verlag und Autorin bedanken sich beim Team des Kattendorfer Reiterhofes Dalarna
(www.kattendorfer-reiterhof.de) für die eifrige Mitarbeit bei der Fotoproduktion!
Danke an Christina Packeiser und ihre Schülerinnen Lea Dierker, Lena Hamer, Janina
Möller und Annika Primke sowie an die Ponys Bosse, Mio, Nanne, Natan und Peggy.

Copyright © 2009 by Cadmos Verlag, Schwarzenbek
Gestaltung und Satz: Ravenstein + Partner, Verden
Titelfoto: Christiane Slawik
Innenfotos: Anneke Bosse, Olav Krenz, Christina Krumm, Peter Prohn, Christiane Slawik
Zeichnungen: Esther von Hacht, Cornelia Koller, Christina Krumm, Eva Polsterer
Lektorat: Anneke Bosse
Druck: Westermann Druck, Zwickau

Deutsche Nationalbibliothek – CIP-Einheitsaufnahme
Die Deutsche Nationalbibliothek verzeichnet diese Publikation
in der Deutschen Nationalbibliografie; detaillierte bibliografische
Daten sind im Internet über http://dnb.ddb.de abrufbar.

Printed in Germany
ISBN: 978-3-86127-568-8

(Zeichnung: Polsterer)

Die Hufeisenprüfung – was ist das eigentlich?

Alle Hufeisenprüfungen sind sogenannte Motivationsabzeichen. Sie sollen dich ermutigen, mit Freude und Spaß am Reitsport weiterzulernen und nach und nach auch die schwereren Leistungsprüfungen abzulegen. Die bestandene Prüfung zeigt, dass du ein sicheres Grundwissen über das Pferd, seine Bedürfnisse und den Umgang mit ihm hast.

Kleines Hufeisen

Wenn du jünger als 16 Jahre bist, kannst du die Prüfung zum Kleinen Hufeisen machen. Die Prüfung besteht aus drei Teilen:

1. Theorie: Hier musst du über Pferde im Allgemeinen Bescheid wissen – über sein Wesen und seine Bedürfnisse hinsichtlich Unterbringungen, Fütterung und Krankheitsvorsorge. Du wirst nach Pferderassen und Zuchtgebieten gefragt, und du musst ein Pferd richtig beschreiben können. Dazu gehört, dass du Farbe und Abzeichen benennen kannst und die einzelnen Körperteile des Pferdes mit den richtigen Bezeichnungen kennst.

2. Umgang mit dem Pferd: Du musst zeigen, wie geschickt und fachgerecht du mit deinem Pony oder Pferd umgehst. Du zeigst den Richtern, wie man ein Pferd aufhalftert, wie man es führt, anbindet und putzt. Für das Kleine Hufeisen brauchst du noch nicht allein aufsatteln und -trensen, aber du solltest beschreiben können, wie man es richtig macht.

3. Praktisches Reiten: Dressurmäßig wirst du in der Abteilung im Rahmen einer Reiterprüfung geprüft, und im Entlastungssitz reitest du über Cavalettis oder um Tonnen oder Ständer herum.

Großes Hufeisen

Das Große Hufeisen ist für schon etwas ältere Jugendliche gedacht, die ein wenig mehr Erfahrung und Genaueres über den Körperbau und die Bedürfnisse des Pferdes wissen. Die Prüfung besteht ebenfalls aus drei Teilen:

1. Theorie: Jetzt wird schon etwas genauer als beim Kleinen Hufeisen nach dem Pferdeverhalten, der richtigen Pflege und allem Wissenswerten zum Reiten gefragt.

2. Umgang mit dem Pferd: Du musst alles wie für das Kleine Hufeisen können und außerdem selbstständig dein Pferd aufsatteln und -trensen.

3. Praktisches Reiten: In einem Dressurreiterwettbewerb der Klasse E zeigst du dein Können im Viereck. Im leichten Sitz solltest du in der Lage sein, auch auf einem Außenplatz kleine Hindernisse in Anlehnung an einen Springreiterwettbewerb der Klasse E zu überwinden.

URKUNDE

KLEINES HUFEISEN REITEN

Herzlichen Glückwunsch!

Vor- und Zuname des Bewerbers

Geburtsdatum

Straße

Wohnort

hat die Prüfung für das Kleine Hufeisen - Reiten - bestanden.

Prüfungsort

Datum, Unterschrift

DEUTSCHE REITERLICHE VEREINIGUNG E.V.
Hauptverband für Zucht und Prüfung deutscher Pferde
Fédération Equestre Nationale (FN)

Hufeisen Westernreiten

Für das Hufeisen Westernreiten gibt es keine Altersbeschränkung. Es entspricht dem Kleinen Hufeisen, nur dass diese Prüfung in Westernausrüstung geritten wird. Du solltest über die besondere Ausrüstung Bescheid wissen und etwas zu Sinn und Zweck des Westernreitens sagen können. Für das Hufeisen Westernreiten muss ein spezieller Richter, der von dem Westernreiterverband EWU gestellt wird, der Prüfer sein.

Kombiniertes Hufeisen

Die Prüfung für das Kombinierte Hufeisen wird in zwei Teile eingeteilt. Der erste Teil besteht aus der Theorie wie beim Kleinen Hufeisen und dem praktischen Teil aus dem Umgang mit dem Pferd, Reiten oder Voltigieren. Im zweiten Teil kannst du aus einer Reihe weiterer Sportarten wählen. Über diese Sportart solltest du natürlich gut Bescheid wissen. Ein spezieller Trainer, der dich auf diese Teilprüfung vorbereitet, geht mit dir die theoretischen Fragen dazu durch.

Kleines und Großes Hufeisen Voltigieren

Für das Kleine Hufeisen Voltigieren solltest du mindestens so groß sein, dass du vom Boden aus den linken Bügel des Voltigiergurtes erreichen kannst. Du darfst im laufenden Kalenderjahr höchstens 16 Jahre alt werden. Wenn du 14 Jahre oder älter bist, kannst du als Einzel- oder Doppelvoltigierer das Große Hufeisen Voltigieren machen.

Die Prüfung teilt sich ebenfalls in drei Teile:

1. Theorie: Es wird dasselbe Wissen abgefragt wie bei den anderen Hufeisenprüfungen.

2. Umgang mit dem Pferd: Auch als Volti musst du mit dem Pferd richtig umgehen können, und du musst wissen, wie man die besondere Ausrüstung des Pferdes zum Voltigieren verwendet.

3. Praktisches Voltigieren: Es werden für das Kleine Hufeisen Voltigieren vier Übungen aus dem D-Programm, wahlweise im Schritt, Trab oder Galopp, verlangt. Für das Große Hufeisen Voltigieren zeigst du eine Kür und ein D-Pflichtprogramm.

So wirst du fit für die Prüfung

Am besten bereitest du dich auf einem Lehrgang auf die Prüfung zum Hufeisen vor. Da werden alle Dinge geübt, die du in der Prüfung zeigen sollst und alle Fragen gestellt und beantwortet. Dein Trainer wird dir sagen, ob du fit für die Prüfung bist, dann kannst du ganz entspannt bleiben. Etwas Lampenfieber gehört zu jeder Prüfung!

Hilfreich ist es, wenn du dieses Buch nicht nur gründlich liest, sondern auch die Fragen am Ende jedes Kapitels beantwortest. Du kannst einen Bleistift zum Ankreuzen nehmen, dann kannst du die Fragen auch mehrmals beantworten. Oder du schreibst dir die Nummern der Fragen und die Lösungsbuchstaben auf einen Extrazettel. Die richtigen Lösungen stehen hinten im Buch (Seite 78 und 79).

Wie läuft die Prüfung ab?

Die Prüfung kann in jeder Reitschule oder in jedem Reiterverein abgelegt werden. Natürlich sollte ein Reitplatz oder eine Reithalle vorhanden sein.

Jeder Reitlehrer, der mindestens die Fachübungsleiterlizenz besitzt, darf die Hufeisen-Prüfungen abnehmen: also auch der eigene Reitlehrer. Aber viel spannender und vielleicht auch gerechter ist es, wenn der Reitlehrer des Nachbarvereins als Prüfer eingesetzt wird. Oft ist aber sowieso ein Richter mit Richterlizenz der Prüfer, weil die Prüfung zum Kleinen und Großen Hufeisen am selben Tag mit den größeren und schwereren Reitabzeichenprüfungen stattfindet. Für das Western- und Voltigier-Hufeisen hat der Richter eine entsprechende Lizenz. Bei der Prüfung für das Kombinierte Hufeisen kommt noch der spezielle Richter oder Trainer der gewählten Sportart hinzu.

Die Prüfungsgebühren stimmt die Reitschule oder der Reiterverein mit dem Landesverband ab. Sie werden meistens direkt vor der Prüfung bezahlt.

Bestanden?!

Wichtig ist, dass du viel Wissen über Pferde hast, vor allem aber auch, dass du im praktischen Prüfungsteil geschickt und sachkundig mit dem Pferd umgehst. Beim Reiten möchte der Richter einen guten Sitz und eine feine Hilfengebung von dir sehen.

Das Prüfungsurteil heißt „bestanden" oder „nicht bestanden". Einzelne Wertnoten gibt es nicht. Wenn alles gut geklappt hat, kommt der große Moment und der Prüfer händigt eine Urkunde mit Glückwunsch und Kommentar aus. Häufig geben die Richter auch Ratschläge, wie du etwas verbessern kannst, wenn es noch nicht so gut gelaufen ist.

Auch wenn du nur eine Teilprüfung nicht bestanden haben solltest, musst du die ganze Prüfung wiederholen! Keine Sorge – das kommt sehr selten vor! Du kannst am nächstmöglichen Termin, auch an einem anderen Ort, dein Glück erneut versuchen.

Das Pferd – (k)ein geheimnisvolles Wesen

Gesellig und immer unterwegs

Bevor du dich mit Pferden genauer befasst, ist es sinnvoll, dass du dir Gedanken über das Wesen des Pferdes machst. Das ist ganz wichtig, um Unfälle zu vermeiden – und auch dafür, dass das Pferd sich wohlfühlt!

Herdentier

Früher graste das Urpferd in einer Herde in der Steppe mit einer Stute als „Chefin". Auch für unsere Pferde ist Kontakt zu Artgenossen ganz wichtig. Gegenseitige Fellpflege, Lauf-spiele und ständige Kommunikation gehören zu ihrem Sozialverhalten. Können sie nicht mit anderen Pferden zusammen sein, können Langeweile und Einsamkeit zu Verhaltens-störungen, zum Beispiel zum Koppen oder Weben, führen. Deshalb sollten Pferde so oft wie möglich auf die Weide oder im Winter in den Paddock. Aber niemals darf ein Pferd allein auf der Weide stehen. Nur sehr wenige Pferde können das aushalten. Als Herdentier fühlt sich das Pferd ausgegrenzt, es fängt an, hin und her zu rennen und bricht unter Um-ständen aus der Weide aus. Auch wenn man sein Pferd von der Koppel holt, muss man da-rauf achten, dass nicht ein anderes allein zu-rückbleibt.

Nie ein Pferd allein auf die Weide oder den Paddock stellen oder dort zurücklassen!

Lauftier

Als Steppentier war das Pferd rund 16 Stunden am Tag im Schritt wandernd damit beschäftigt, Futter zu suchen. Nur auf der Flucht trabte oder galoppierte es.

Weil das Pferd ein so starkes Bewegungsbedürfnis hat, ist es nötig, dass du täglich reitest oder es zumindest bewegst und zusätzlich für genügend Auslauf sorgst. Bewegungsmangel und Übermut sind oft Ursache für Krankheiten und Schäden am Bewegungsapparat, weil die Pferde unkontrolliert losbuckeln, wenn sie endlich einmal freien Auslauf haben, und sich dann verletzen.

Pferde brauchen sehr viel Bewegung – und das ohne Ausnahme jeden Tag! Stehtage schaden dem Pferd!

Fluchttier

„Erst weglaufen, dann hinschauen" – so reagieren auch heute noch unsere Pferde. Dieser Instinkt hat dem Pferd als Fluchttier seit Urzeiten das Überleben gesichert. Wenn nur ein einziges Pferd aus der Herde Unruhe zeigt, fliehen alle. Das kennst du aus der Reithalle: Ein Pferd erschrickt sich und wird nervös und steckt damit alle anderen an.

Der Fluchttrieb, der Herdentrieb, der Bewegungsdrang und das Bedürfnis nach viel Luft und Licht sind den Pferden angeboren.

Was Prüfer gerne fragen
• Kannst du etwas zum Wesen eines Pferdes sagen?
• Wie kannst du Vertrauen aufbauen?

Mit Artgenossen auf der Weide – so fühlen sich Pferde am wohlsten. (Foto: Slawik)

Mit Sinn und Verstand: die Sinne des Pferdes und sein Verhalten

Wie Pferde sehen

Das Pferd nimmt seine Umwelt ganz anders wahr als wir Menschen. Seine großen Augen mit den ovalen Pupillen liegen seitlich am Kopf. Es sieht seine Umgebung nicht so scharf wie wir Menschen oder ein Raubvogel. Deshalb sieht es überall „Gespenster", vor denen es fliehen muss. Es wäre grundfalsch, das Pferd zu bestrafen, wenn es sich erschrickt! Dann würde das Pferd das „Gespenst" mit dem Schmerz verbinden und vollends verunsichert werden. Da hilft nur, dass du als Reiter und Bezugsperson Vertrauen schaffst.

Wie Pferde hören

Die Ohren des Pferdes sind unglaublich fein! Weil sie sehr beweglich sind, können sie in alle Richtungen gedreht werden. So nehmen sie nicht nur von Weitem jeden Laut auf, sie können auch ganz leise Töne hören, die wir Menschen nicht wahrnehmen. So kann es passieren, dass dein Pferd einfach nicht mehr vorwärtsgehen will, weil es etwas hört (und du nicht), was ihm nicht geheuer ist. In einer solchen Situation darfst du auch nicht strafen, sondern musst dein Pferd mit der Stimme und durch Streicheln beruhigen.

Mit seinen großen Augen, den beweglichen Ohren und den empfindlichen Nüstern ist das Pferd mit hervorragenden Sinnesorganen ausgestattet. (Foto: Bosse)

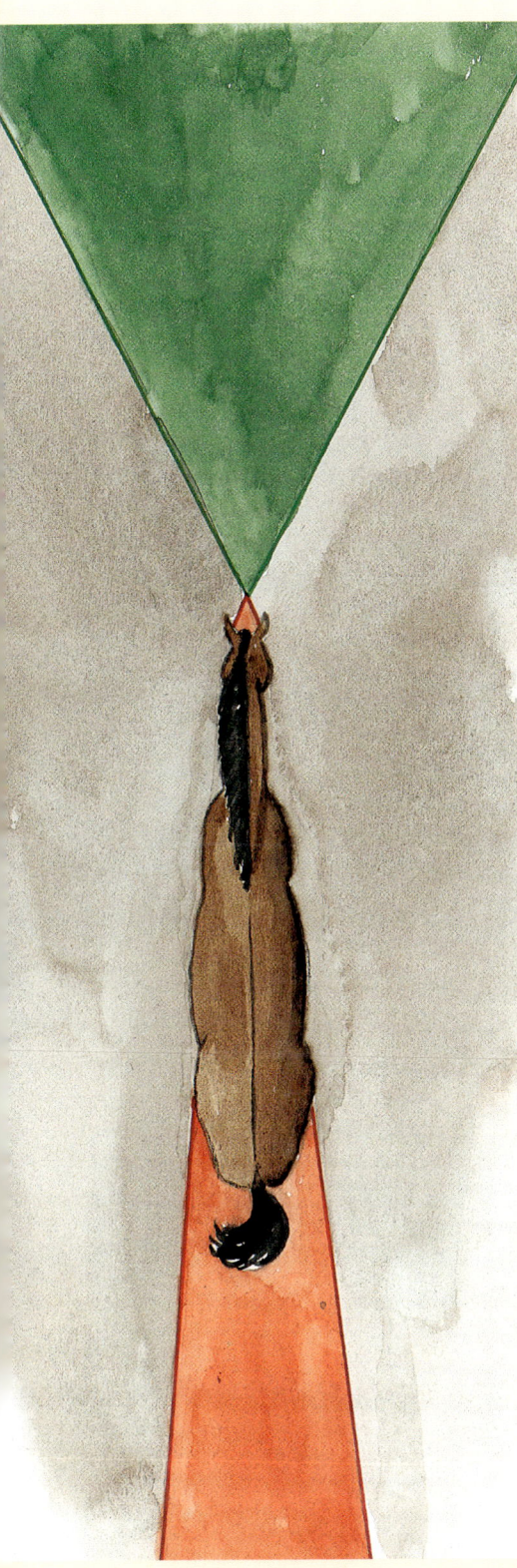

Wie Pferde riechen

Die Nase eines Pferdes ist sehr lang und hat unglaublich viele Riechzellen. Dadurch kann es auf der Weide schmackhafte von ungenießbaren Kräutern unterscheiden. Deshalb ist es auch so schwer, Pferden Medikamente ins Futter zu geben – sie sortieren sie aus.

Es kommt auch vor, dass ein Pferd einen Menschen einfach „nicht riechen" kann. Es legt die Ohren an, kräuselt die Nase und dreht sich weg. Schlimmstenfalls droht es und geht zum Angriff über. Dann musst du nach dem Grund forschen. Riechst du vielleicht unangenehm nach Seife, Benzin, Parfüm, Öl oder Fisch?

Wie Pferde fühlen

Die Haut ist ganz mit feinen Muskeln und Nerven durchzogen. Beobachte nur, was passiert, wenn sich eine Fliege auf das Fell setzt. Die Haut zuckt, oder das Pferd versucht mit dem Schweif oder dem Maul, die kitzelnde Fliege zu verscheuchen. Da kann man sich vorstellen, wie schmerzhaft Scheuerstellen für ein Pferd sind!

Die Pferdehaut kann Temperaturschwankungen sehr gut ausgleichen. Pferde können sich viel besser auf Hitze und Kälte einstellen als wir Menschen. In der Steppe war das Pferd das ganze Jahr über Wind und Wetter ausgesetzt, und sein Körper hatte sich darauf eingestellt. Heute werden die meisten Pferde viele Stunden am Tag im Stall gehalten. Auch hier benötigen sie viel frische Luft und möglichst viel Licht. Die Temperatur im Stall sollte so ähnlich wie die Außentemperatur sein.

So sieht ein Pferd: Im grünen Bereich sieht das Pferd mit beiden Augen scharf. Den grauen Bereich überblickt es mit dem rechten beziehungsweise mit dem linken Auge. Im roten Bereich, dem toten Winkel, kann das Pferd nichts sehen. (Zeichnung: von Hacht)

Vorhand — Mittelhand — Hinterhand

(Foto: Slawik)

Das Pferd von außen

Das Gebäude

Der Körper des Pferdes wird in drei Hauptbereiche eingeteilt: in Vorhand, Mittelhand und Hinterhand.

Zur Vorhand gehören Kopf, Hals, Brust, Schulter und Vorderbeine.

Zur Mittelhand gehören Widerrist, Sattellage, Rücken, Rippen und Bauch.

Zur Hinterhand gehören Kruppe, Hinterbeine und Schweif.

Das Skelett entspricht deinem eigenen! Es hat nur andere Proportionen. Aber das Pferd hat keine Schlüsselbeine, weil es ein Lauftier ist. Es muss nichts mit Kraft mit den Vorderbeinen halten.

Vorsicht, Prüfungsfrage
Gerne fragen Richter, wo die Schlüsselbeine beim Pferd liegen. Antwort: Das Pferd hat keine Schlüsselbeine!

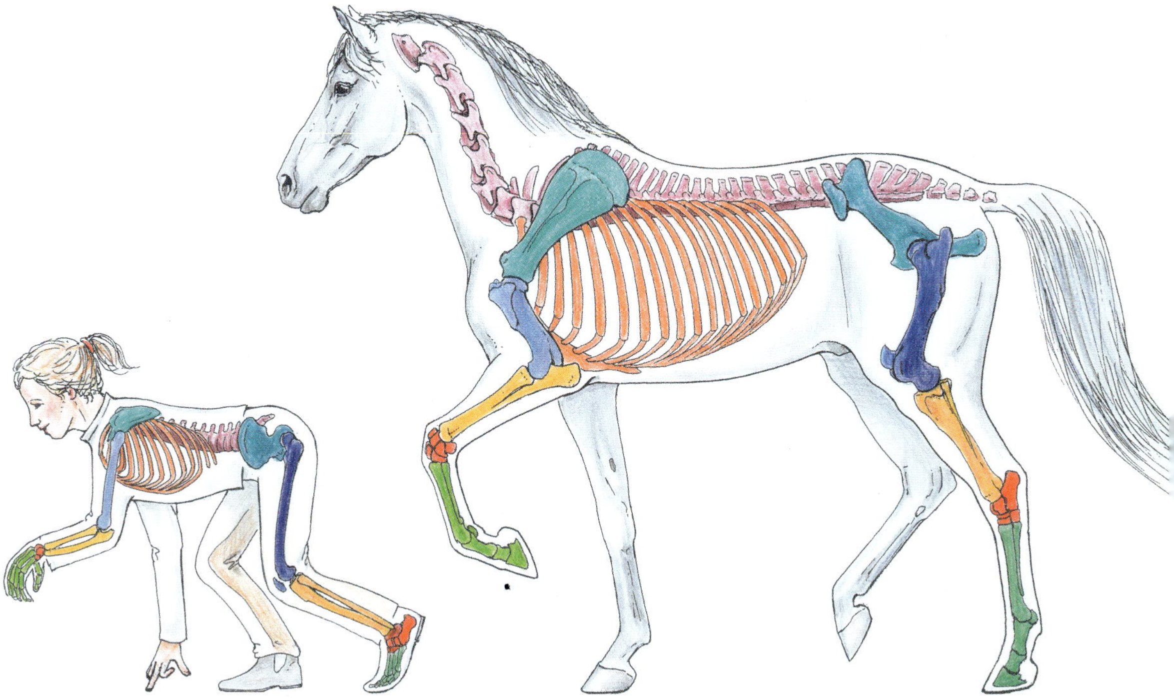

Das Pferd hat ein ganz ähnliches Skelett wie du, nur hat es andere Proportionen. Achte besonders auf die Beine und Arme – wie du anhand der Farben siehst, entspricht der untere Beinteil des Pferdes unserem Mittelfinger. (Zeichnung: Polsterer)

Die Fellfarben

Wenn du ein Pferd siehst, fällt dir zu allererst die Farbe auf. Die häufigsten Farben bei unseren Reitpferden sind Schimmel, Rappen, Füchse und Braune.

Schimmel sind sehr helle bis weiße Pferde, die einen grauen oder rötlichen Grundton haben. Die Grauen kommen als Rappen oder Braune zur Welt und die rötlichen als Füchse. Im Fohlenalter kann man an den hellen Ringen um die Augen erkennen, ob das ausgewachse-ne Pferd ein Schimmel wird. Im Alter sind dann alle Schimmel ganz weiß.

Rappen sind schwarz und haben oft ein besonders glänzendes Fell. Hat ein Rappe gro-ße, unregelmäßig über den ganzen Körper verteilte weiße Flecken, so ist das ein Rapp-schecke.

Ein Fuchs ist ein braunes Pferd mit braunem Langhaar. Mähne und Schweif haben also die-selbe Farbe wie das Fell. Eine Ausnahme ist der Palomino: Da sind Mähne und Schweif in

Die vier Grundfarben der Pferde.

Links: Brauner
Rechts: Fuchs

Links: Rappe
Rechts: Schimmel

(Fotos: Slawik)

einem hellen Goldton. Das sieht sehr schön aus! Die Fuchsfarbe hat von sehr hell bis ganz dunkel die meisten Spielarten. Aber immer sind die Beine und das Langhaar in der Fellfarbe.

Die Braunen haben ein braunes Fell, schwarzes Langhaar und schwarze Beine. Auch hier gibt es Unterschiede im Farbton. Sehr helle, beinahe beige Pferde nennt man dann Falben. Ganz dunkle Braune, die sogenannten Dunkelbraunen, haben ein kupferfarbenes Maul und Lenden. Der Bauch und die Innenseiten der Hinterschenkel sind ebenfalls kupferfarben.

Fast alle Schimmel kommen mit dunklem Fell zur Welt. Ganz selten gibt es Fohlen mit weißem Fell, die dann hellblaue Augen haben und sehr empfindlich sind. (Foto: Slawik)

Die Abzeichen

Abzeichen nennt man die weißen Flecken am Kopf und an den Beinen. An ihnen kannst du die Pferde, gleich welcher Farbe, gut unterscheiden. Die einzelnen Flecken haben feste Bezeichnungen.

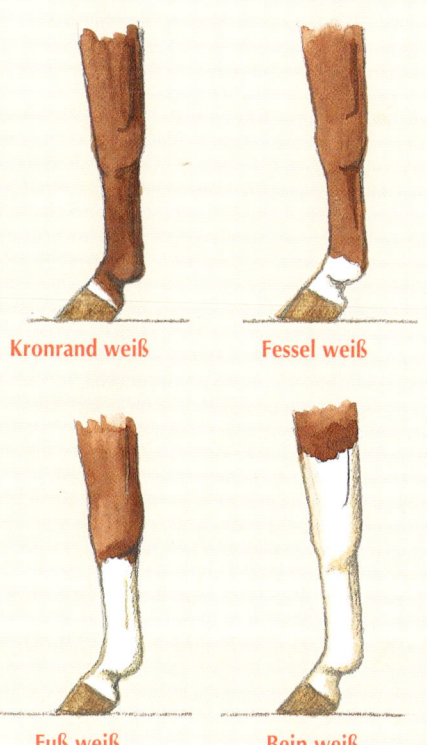

Kronrand weiß   **Fessel weiß**

Fuß weiß   **Bein weiß**

Flocke   **Schnippe**

Stern   **Keilstern**

Blesse   **Laterne**

(Zeichnungen: von Hacht)

Groß und klein, robust und edel: die wichtigsten Rassen

Man unterscheidet Ponys und Großpferde. Großpferde werden je nach ihrem Typ grob in Vollblut, Warmblut und Kaltblut eingeteilt.

Zu den bekanntesten Vollblütern zählen das Englische und das Arabische Vollblut und die Traber.

Zu den Warmblütern gehören die meisten Reitpferde. Sie werden nach Zuchtgebieten unterschieden: Holsteiner, Hannoveraner, Trakehner, Oldenburger und viele mehr.

Das Kaltblut ist das schwerste Pferd (es hat aber genauso warmes Blut wie jedes andere Pferd auch). Früher wurde es in der Land- und Forstwirtschaft eingesetzt, heute wird es als Kutsch- und Freizeitpferd immer beliebter.

Als Ponys werden alle Pferde bezeichnet, die kleiner als 148 Zentimeter Stockmaß sind. Sie werden in drei Größen eingeteilt: K-Pony (klein) bis 127 Zentimeter, M-Pony (mittel) bis 137 Zentimeter und G-Pony (groß) bis 148 Zentimeter. Auch Ponys werden nach Zuchtgebieten unterschieden. Das Deutsche Reitpony wird in Deutschland gezogen, das Fjordpferd stammt aus Norwegen, der Haflinger aus Tirol, das Islandpferd, wie der Name sagt, aus Island, und Welsh-, Connemara- und das kleine Shetlandpony kommen ursprünglich aus England.

Was Prüfer gerne fragen
- Kennst du die Bezeichnungen für die Körperteile des Pferdes?
- Kennst du die Fellfarben?
- Weißt du, wie groß ein Pony sein darf?
- Kannst du einige Pferde- und Ponyrassen nennen?

Kaltblut

Pony

Vollblut

Warmblut

(Zeichnungen: Polsterer)

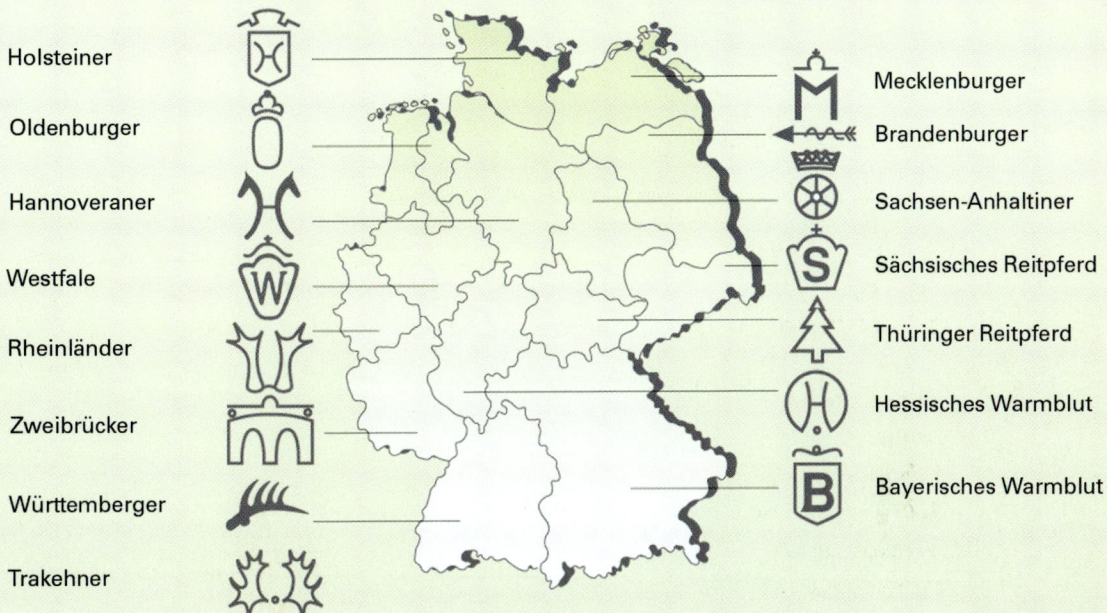

Holsteiner

Oldenburger

Hannoveraner

Westfale

Rheinländer

Zweibrücker

Württemberger

Trakehner

Mecklenburger

Brandenburger

Sachsen-Anhaltiner

Sächsisches Reitpferd

Thüringer Reitpferd

Hessisches Warmblut

Bayerisches Warmblut

Die Brandzeichen kennzeichnen die verschiedenen Warmblutrassen in Deutschland.
(Zeichnung: Koller)

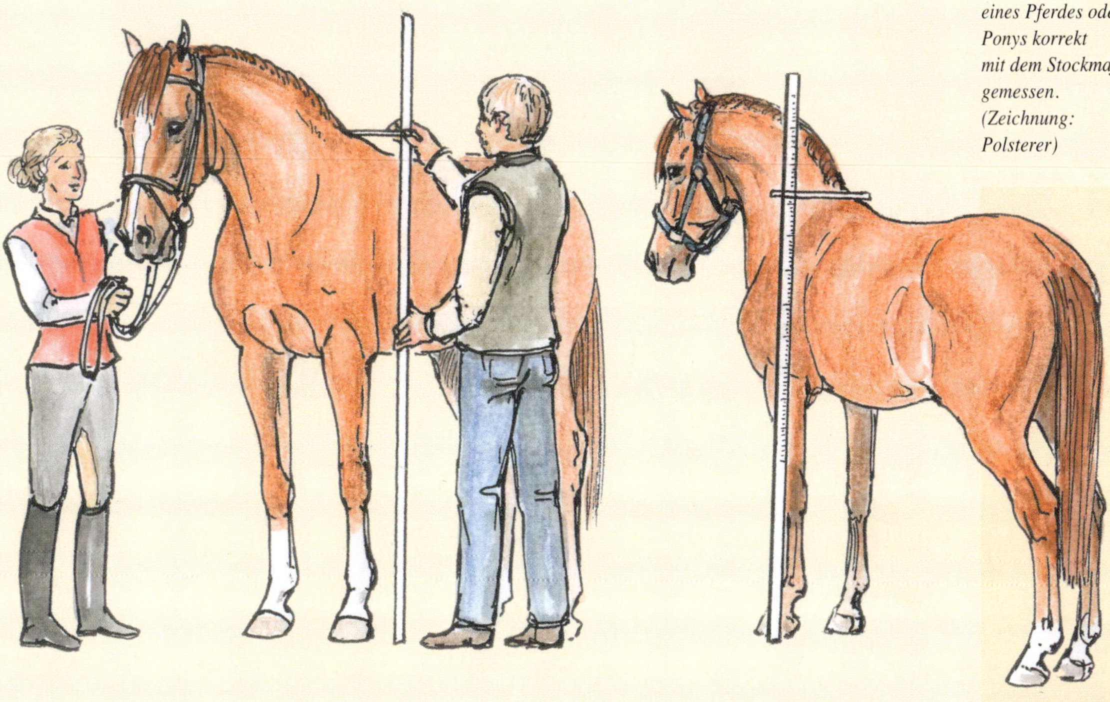

So wird die Größe eines Pferdes oder Ponys korrekt mit dem Stockmaß gemessen. (Zeichnung: Polsterer)

Weißt du Bescheid?

Mach den Wissens-Check! Diese Fragen zum Ankreuzen sollen dir helfen, das Wichtigste aus jedem Kapitel gut zu behalten. Bei jeder Frage sind eine oder mehrere Antworten richtig. Nachdem du die Antworten angekreuzt hast, kannst du mit den Lösungen auf Seite 78 überprüfen, wie gut du schon Bescheid weißt. Ein Tipp: Wenn du einen Bleistift benutzt, kannst du deine Kreuzchen anschließend wieder wegradieren und den Test mehrere Male machen.

1. Was bedeutet: „Das Pferd ist ein Herdentier"?

○ a) Jedes Pferd läuft einem anderen immer blindlings hinterher.

☒ b) Herdentiere warnen einander vor Gefahren.

☒ c) Pferde dürfen nicht allein auf einer Weide oder einem Paddock stehen, sondern brauchen Artgenossen.

○ d) Den Sozialkontakt für ein Pferd kann ihm auch ein Mensch bieten, da er das Pferd an der Mähne kraulen und mit ihm sprechen kann.

2. Ein Stehtag in der Woche ...

○ a) ... dient der Erholung und ist wichtig für das Pferd.

○ b) ... gibt dem Reiter die Möglichkeit, auch mal andere Dinge zu erledigen.

☒ c) ... kann das Pferd krank machen.

3. Soll ein Pferd auch im Winter draußen Auslauf haben?

☒ a) Ja, das Pferd ist ein Lauftier und benötigt die freie Bewegung das ganze Jahr über.

○ b) Nein, Pferde sind sehr empfindlich und könnten sich dann leicht erkälten.

4. Wie sollte die Temperatur im Stall sein?

☒ a) Sie sollte ähnlich wie die Außentemperatur sein, also im Winter kälter als im Sommer.

○ b) Ungefähr 20 Grad, also so wie bei Menschen in der Wohnung.

○ c) Das ist egal, weil die Pferde verschiedener Rassen sowieso unterschiedliche Temperaturen mögen.

5. Was tust du, wenn dein Pferd sich erschrickt?

○ a) Du ermahnst es mit der Stimme und benutzt eventuell die Gerte, damit es weiß, wer der Chef ist.

☒ b) Du sprichst beruhigend mit ihm und streichelst es am Hals, damit es spürt, dass es keine Angst zu haben braucht.

☒ c) Du lässt nach Möglichkeit ein ruhigeres Begleitpferd vorangehen.

6. Mit seinen großen Augen ...

○ a) ... sieht das Pferd schärfer als der Mensch.

☒ b) ... kann das Pferd auch Dinge wahrnehmen, die seitlich hinter ihm passieren.

☒ c) ... ist das Fluchttier Pferd ideal ausgestattet, um Gefahren rechtzeitig zu erkennen.

7. Was gehört zur Mittelhand des Pferdes?

- ⊗ a) Rippen
- ○ b) Vorderbeine
- ⊗ c) Widerrist
- ⊗ d) Bauch
- ○ e) Kruppe

8. Welchen Knochen gibt es beim Pferd nicht?

- ○ a) Nasenbein
- ⊗ b) Schlüsselbein
- ○ c) Kniescheibe
- ○ d) Unterarm

9. Ein braunes Pferd mit brauner Mähne nennt man:

- ○ a) Brauner
- ⊗ b) Fuchs
- ○ c) Das hängt davon ab, wie hell die Farbe ist.

10. Wie bezeichnet man einen kleinen, runden Fleck auf der Stirn?

- ○ a) Schnippe
- ○ b) Blesse
- ⊗ c) Stern

11. Wie nennt man einen Rappen mit vielen weißen Flecken, die über den ganzen Körper verteilt sind?

- ⊗ a) Rappschecke
- ○ b) Rappe mit Abzeichen
- ○ c) Bunter Rappe

12. Ein Kaltblut …

- ○ a) …ist ein Pferd mit kälterem Blut als andere Pferde.
- ⊗ b) … wurde früher in der Landwirtschaft eingesetzt, als es noch keine Traktoren gab.
- ⊗ c) …ist ein Pferd mit besonders kräftigem Körperbau.

13. Welche Pferderasse gehört nicht zu den Warmblütern?

- ⊗ a) Haflinger
- ⊘ b) Oldenburger
- ○ c) Trakehner

14. Ein M-Pony hat ein maximales Stockmaß von

- ○ a) 148 cm
- ⊘ b) 127 cm
- ⊗ c) 137 cm

15. Zu welcher Rasse gehört dieses Brandzeichen?

- ○ a) Hannoveraner
- ⊗ b) Hesse
- ⊗ c) Holsteiner

(Zeichnung: Polsterer)

So hat es mein Pferd richtig gut

Wie Pferde wohnen wollen: Haltungsformen von Box bis Offenstall

Es gibt drei verschiedenartige „Wohnungen" für Pferde. Die gebräuchlichste ist die geschlossene Box. Sie muss so groß sein, dass sich das Pferd darin mühelos umdrehen und hinlegen kann. Sie hat den Vorteil, dass das Pferd sich nicht so leicht verletzen kann. Außerdem kann es individuell gefüttert werden. Aber es hat wenig Bewegungsfreiheit und kann nur durch die Gitterstäbe seine Kameraden sehen. Schön wäre es, wenn die Box ein Fenster hätte, das sich öffnen lässt, damit es hinausschauen kann.

Dein Pferd würde sich eine Box mit einer Tür nach draußen in den eigenen Paddock wünschen! Das wäre dann ein Boxenlaufstall.

Dann gibt es den Laufstall. In ihm haben größere Herden Platz. Ein solcher Stall wird in der Aufzucht verwendet. Seine Größe richtet sich nach der Anzahl der Fohlen und Pferde. Ein Laufstall ist sehr artgerecht! Aber die Verletzungsgefahr ist ziemlich hoch, und die stärksten Tiere holen sich das meiste Futter und belegen die besten Liegeplätze.

Der Gruppenauslaufstall oder Offenstall ähnelt der Laufstallhaltung. Die Pferde und Ponys haben freien Zugang zum Auslauf und sollten getrennte Futter- und Liegeplätze haben. Sie müssen aneinander gewöhnt sein und gut zueinander passen, sonst kommen die Schwächeren zu kurz. Ein dominantes Pferd gehört nicht in einen Offenstall. Es müssen immer genügend Ausweich- und Rückzugsflächen vorhanden sein. Ein Offenstall entspricht an ehesten der artgerechten Haltung, weil Fressen und Bewegung jederzeit möglich sind.

Aber keine dieser „Wohnungen" bietet dem Lauftier Pferd ausreichend Bewegung. Es muss zusätzlich täglich von dir bewegt werden.

In jedem Stall soll es drinnen so ähnlich warm oder kalt sein wie draußen, nur vor allzu großer Hitze oder Kälte müssen die Pferde geschützt sein.

Die Luftfeuchtigkeit sollte so sein, dass auch wir Menschen uns wohlfühlen (60 bis 80 Prozent). Wenn die Luft feuchter und dazu noch wärmer ist, kann das Pferd Atemwegserkrankungen bekommen.

Durch das Fenster der Außenbox kann das Pferd herausschauen und bekommt frische Luft.
(Foto: Slawik)

Schimmelpilze, Parasiten und Krankheitserreger fühlen sich in feuchtwarmer Luft sehr wohl – deshalb muss der Stall immer gut gelüftet werden!

Was Prüfer gerne fragen
Was für einen Stall brauchen Pferde?

Ein Offenstall ist mit viel Arbeit verbunden, dafür können sich die Pferde den ganzen Tag bewegen, wie sie möchten.
(Foto: Slawik)

Raufutter

Heu

Stroh

Müsli

Pellets

Kraftfutter

Äpfel

Hafer

Saftfutter

Möhren

Gras

(Foto: Bosse)

Gesund und lecker: das richtige Futter für mein Pferd

Wenn du mit Sachkenntnis und Verstand dein Pferd oder Pony fütterst, fühlt es sich wohl! Natürlich frisst ein großes Pferd mehr als ein kleines und eines, das viel geritten wird, mehr als ein Pferd, das wenig oder gar nicht bewegt wird, weil es zum Beispiel krank ist.

Von Natur aus sind Pferde Grasfresser. Ihr Verdauungssystem ist auf große Mengen Futter eingerichtet, das über den ganzen Tag verteilt aufgenommen wird. Aus diesem Grund ist das Raufutter (Heu oder Heulage und Stroh) der wichtigste Bestandteil der Fütterung. Das Raufutter legst du am besten auf den Boden, weil das die natürliche Fresshaltung ist. Mindestens dreimal am Tag muss das Pferd Futter bekommen, damit es gesund bleibt.

Ein Sportpferd, eine Zuchtstute oder ein Tier, das noch wächst, braucht zusätzlich Kraftfutter. Es besteht meistens aus Hafer, manchmal aus Gerste, Roggen oder Mais. Hier können Melasse, Kleie, Leinsamen, Vitamine und Mineralstoffe beigemischt werden. Häufig wird Kraftfutter in Form von Pellets oder verschiedenen Müslis gefüttert.

Zum Saftfutter gehören Gras und Silage, Möhren, Rote Bete und Äpfel. Kleine Äpfel solltest du immer klein schneiden, damit sich dein Pferd nicht daran verschlucken kann.

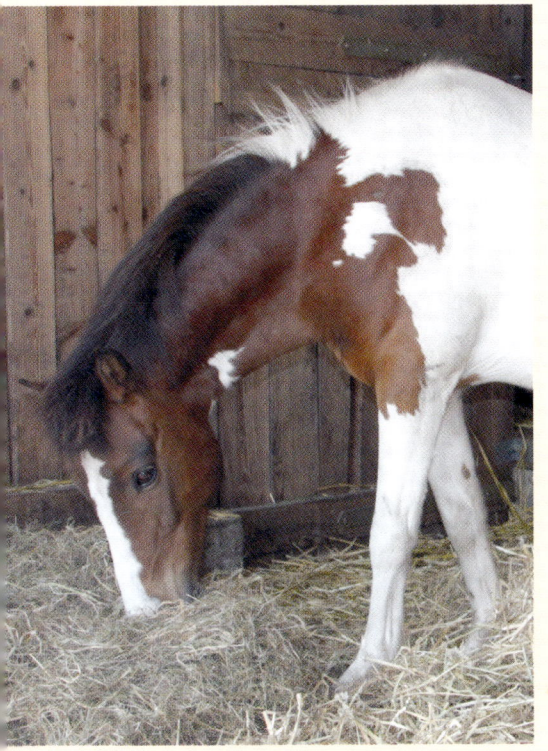

Mit der Nase am Boden: Das ist die natürliche und deshalb beste Fresshaltung für Pferde. (Foto: Bosse)

Ein leckerer Apfel ist eine gute Belohnung! (Foto: Bosse)

Das Pferd ist kein Abfalleimer! Kohlblätter, Küchenabfälle aller Art und Reste aus dem Garten gehören nicht in die Futterkrippe!

Für alle Futtermittel gilt, dass sie eine frische Farbe haben und gut riechen müssen. Verschimmeltes, sehr staubiges und dunkel verfärbtes Futter schadet deinem Pferd und kann schlimmstenfalls tödlich sein!

Füttere außerdem niemals auf eigene Faust Ergänzungsfutter, Mineralstoffe, Spurenelemente oder Vitamine hinzu, denn das kann gefährlich werden! Frage immer den Futtermeister oder Tierarzt.

Was Prüfer gerne fragen
Welches Futter brauchen Pferde?

Wasser ist wichtig
Es ist sehr wichtig, dass Pferde immer frisches Wasser zur Verfügung haben. Ein Großpferd trinkt 40 bis 70 Liter am Tag, das sind 4 bis 7 große Eimer voll!

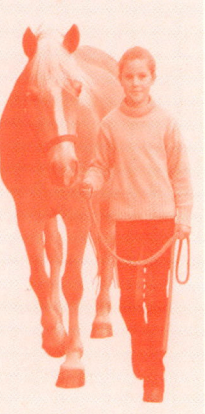

Wenn das Pferd unruhig ist und sich häufig nach seinem Bauch umsieht, kann dies ein Anzeichen für eine Kolik sein und der Tierarzt muss so schnell wie möglich kommen. (Zeichnung: Polsterer)

Hilfe, mein Pferd ist krank! Was tun bei den häufigsten Krankheiten

Wenn du genau hinschaust, wirst du gleich merken, wenn mit deinem Pferd oder Pony etwas nicht stimmt. Verhält es sich unruhig oder ist es ungewohnt teilnahmslos, nimmt es kein Leckerli von dir, schaut sich häufig nach seinem Bauch um, scharrt in der Box und legt sich oft hin und schwitzt dabei, hat es wahrscheinlich eine Kolik. Dann muss ganz schnell der Tierarzt verständigt werden! In der Zwischenzeit legst du deinem Pferd eine Decke auf und führst es, bis der Tierarzt da ist. Das

Pferd darf sich hinlegen, weil es dann eine Stellung sucht, die seine Bauchdecke entlastet. Aber du versuchst zu verhindern, dass es sich wälzt, weil es dann zu einer Darmverschlingung kommen kann. Am besten bittest du einen Erwachsenen um Hilfe. Dein Pferd darf jetzt nichts fressen! Es wäre aber schön, wenn es saufen würde.

Husten musst du immer sehr ernst nehmen, und der Tierarzt muss das Pferd untersuchen, damit es möglichst schnell richtig behandelt wird. Sonst kann es passieren, dass das Pferd ein Leben lang Husten behält, man spricht dann vom chronischen Husten.

Wenn ein Pferd leicht humpelt oder gar im Trab oder Schritt rhythmisch mit dem Kopf nickt, ist es lahm. Ein lahmendes Pferd darf

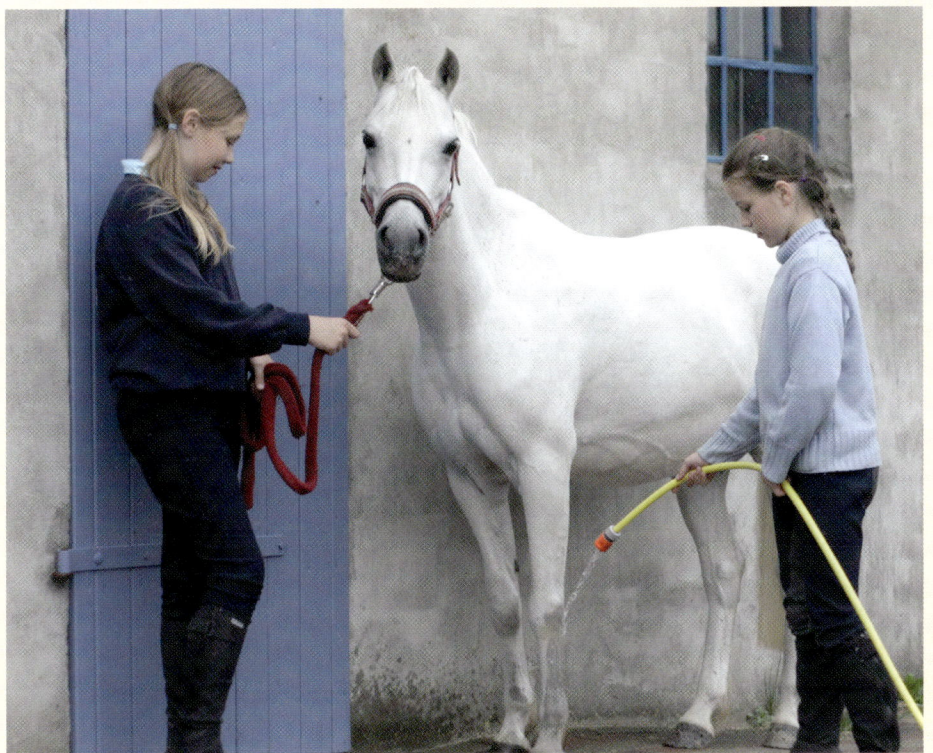

Bis der Tierarzt kommt, solltest du bei einem Pferd, das plötzlich lahmt, das betroffene Bein mit Wasser kühlen. (Foto: Bosse)

auf keinen Fall geritten werden, und beginnt dein Pferd, während eines Ausritts zu lahmen, musst du es nach Hause führen! Manchmal kann man Verletzungen oder Schwellungen sehen oder Wärme fühlen. Bei einer plötzlichen Lahmheit kannst du das Bein, welches das Pferd schont, mit kaltem Wasser kühlen, während du auf den Tierarzt wartest.

Offene Wunden bitte nicht anfassen, wenn sie tief und stark verdreckt sind! Das kann ein Tierarzt besser.

Kleinere Schürfwunden werden vorsichtig von grobem Schmutz befreit und mit einem Desinfektionsmittel eingesprüht. Später hält eine Wundheilsalbe oder einfach Melkfett die Wunde elastisch, sodass sie nicht einreißen kann.

Die Gesundheit des Pferdes sollte regelmäßig von einem Tierarzt überprüft werden. Wenn man Krankheiten früh erkennt, kann man sie meistens gut behandeln. (Zeichnung: Polsterer)

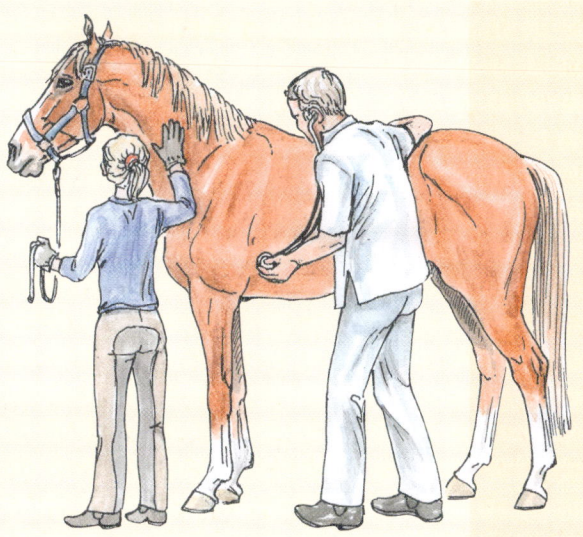

Erste Annäherung: richtig aufhalftern, führen und anbinden

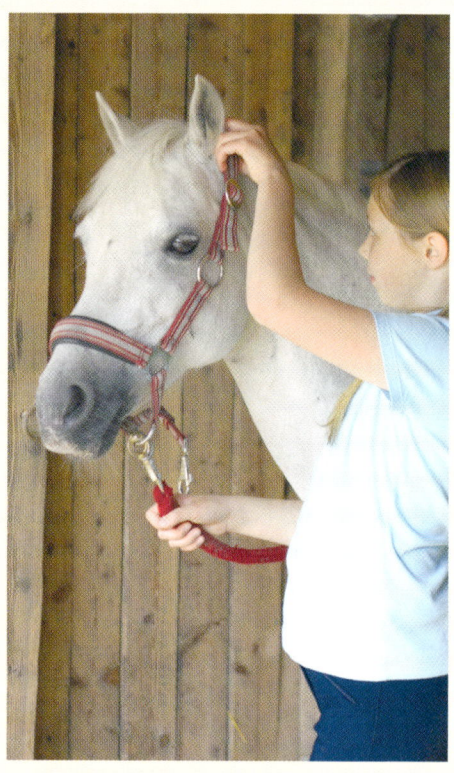

Aufhalftern

Zum Aufhalftern stellst du dich neben den Kopf des Pferdes und hältst das Halfter in der linken Hand am Kopfstück. Mit der rechten Hand greifst du das Nasenbein deines Pferdes und streifst nun den Nasenriemen über die Pferdenase. Gleich führt die rechte Hand das Kopfstück über das rechte und die linke Hand es anschließend über das linke Ohr. Nun wird der Kehlriemen geschlossen. Hat das Halfter ein offenes Kopfstück, schlingst du den offenen Riemen mit der rechten Hand über das Genick und schließt die Schnalle in Höhe des linken

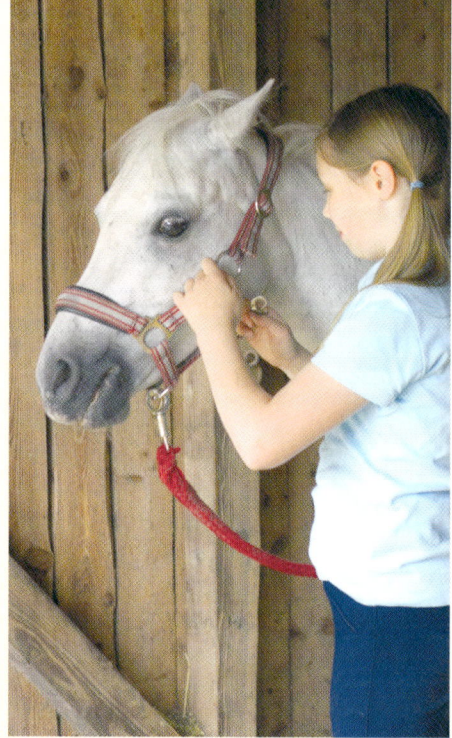

Auges. Der Strick, der immer einen Panikhaken haben muss, wird in den Ring am Nasenriemen eingehakt.

Führen

Zum Führen gehst du grundsätzlich auf der linken Seite des Pferdes. Wenn du dein Pferd am Halfter führst, fasst du den Strick mit der rechten Hand eine Handbreit unterhalb des Panikhakens, während die linke locker das übrige Ende hält. Pass aber auf, dass das Ende nicht auf der Erde schleift, dein Pferd könnte hineintreten. Du solltest dein Pferd nur in vertrauter Umgebung am Halfter führen, sonst an der Trense.

Führe niemals dein Pferd oder Pony ohne Strick! Ein Halfter lässt sich allzu schnell aus der Hand reißen.

So wird ein Pferd korrekt geführt – in fremder Umgebung sollte es allerdings eine Trense anstelle des Halfters tragen. (Foto: Bosse)

Willst du dein Pferd in fremdem Umfeld oder zum Verladen führen, solltest du immer zur Sicherheit eine korrekt angelegte Trense benutzen!

Zum Führen an der Trense nimmst du die Zügel vom Hals (auch wenn du nur in die Reithalle führst) und fasst mit der rechten Hand beide Zügel etwa eine Handbreit unterhalb der Trensenringe, wobei der Zeigefinger die Zügel voneinander trennt. Kleine Leute mit kleinen Händen nehmen das leere Ende in die linke Hand. Große Leute nehmen das Schnallenende der Zügel mit in die rechte Hand, wobei der Zügel doppelt genommen wird, damit die Zügelschlaufen nicht dicht über der Erde hängen. So kann weder das Pferd noch du selbst hineintreten.

Musst du dein Pferd wenden, gehst du den großen Bogen und das Pferd den kleinen. Du wendest also immer rechtsherum. Damit verhinderst du, dass dir das Pferd auf die Füße tritt oder dich sogar umrennt. Um deinem Pferd die Rechtswendung zu erleichtern, hebst du ruhig die linke Hand in die Höhe des Pferdeauges. Das ist besonders im offenen Gelände wichtig und gibt in der Prüfung Punkte.

Aneinander vorbeiführen

Wenn du dein Pferd an einem anderen Pferd auf der Stallgasse vorbeiführen musst, rufst du das andere Pferd kurz an und schaust, ob es etwa die Ohren anlegt und droht. Dann ist Hilfe erforderlich. Bleibt alles ruhig, so führst du

dein Pferd zügig an dem anderen vorbei. Bei engen Stalltüren oder Pforten gehst du vor dem Pferd energisch voran, wobei du die Zügel oder den Strick entsprechend länger lässt. Dabei schaust du das Pferd nicht an! Das Pferd wird dir folgen.

Alle Türen und Tore, ganz gleich ob es die Boxentür, die Bandentür oder das Stalltor ist, müssen immer so weit wie möglich geöffnet werden. Niemals darfst du ein Pferd durch einen schmalen Spalt ziehen!

Anbinden

Auf keinen Fall darfst du dein Pferd mit dem Zügel anbinden! Wenn es sich losreißt, zerreißt es nicht nur die teure Trense, sondern es kann sich auch noch erheblich am Maul verletzen. Immer muss das Pferd zum Anbinden ein Halfter tragen! Wenn du dein aufgetrenstes Pferd noch einmal anbinden möchtest, ziehst du das Halfter über die Trense. Der Strick muss einen Panikhaken haben, der sich mit einem kurzen Ruck leicht öffnen lässt. Das Strickende wird mit einem Sicherheitsknoten an einem Balken oder Anbindering befestigt.

Dieser Knoten lässt sich bei Gefahr leicht aufziehen, falls du den Panikhaken nicht erreichst, wenn das Pferd den Kopf in Panik hochreißt. Es hat sich bewährt, eine Schlaufe aus Bindegarn von Stroh- oder Heuballen um den Balken oder Anbindering zu knüpfen und daran den Strick mit dem Sicherheitsknoten zu befestigen, weil sie reißt, wenn du im Notfall weder den Panikhaken noch den Sicherheitsknoten öffnen kannst.

So wird der Sicherheitsknoten richtig gemacht.
(Foto: Bosse)

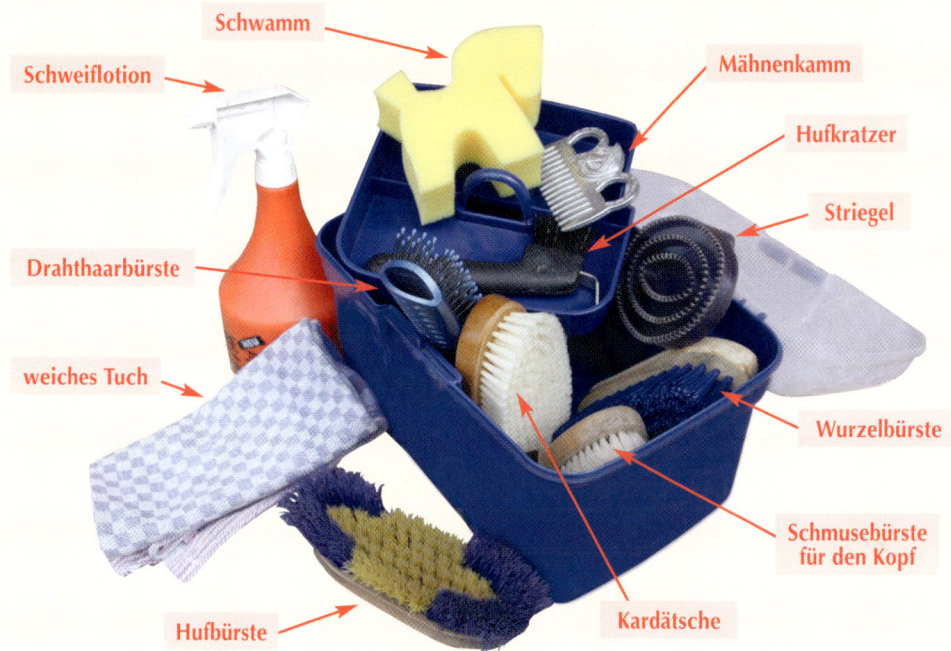

Schwamm

Schweiflotion

Mähnenkamm

Hufkratzer

Striegel

Drahthaarbürste

weiches Tuch

Wurzelbürste

Diese Dinge gehören in den Putzkasten. (Foto: Bosse)

Schmusebürste für den Kopf

Hufbürste

Kardätsche

Gut gepflegt ist halb geritten: alles rund ums Putzen

Was gehört in den Putzkasten?

Das Putzen gehört zu den schönsten Beschäftigungen am Pferd, und die meisten Pferde genießen es auch. Auch befreundete Pferde „putzen" sich gegenseitig, wenn sie sich mit den Zähnen dort kraulen, wo sie selbst nicht ankommen. Du kannst es auf der Weide recht häufig beobachten. Wenn du mit Striegel und Kardätsche putzt, ersetzt du die Zähne des befreundeten Pferdes.

Was Prüfer gerne fragen
Was gehört in einen Putzkasten?

Jetzt wird geputzt!

Nachdem dein Pferd deine Hand beschnuppern durfte und du es mit freundlichen Worten gestreichelt hast, kannst du mit dem Putzen beginnen.

Normalerweise beginnt man oben an der linken Halsseite. Natürlich ist es eigentlich egal, ob man an der linken oder rechten Seite anfängt. Aber in der Prüfung solltest du es so machen! Falls dein Pferd sich nicht so gern am Kopf anfassen lässt, striegelst du zu Beginn weiter unten am Hals und arbeitest dich langsam zum Kopf vor. In der Prüfung solltest du immer begründen können, wenn du etwas anders machst als vorgeschrieben. Das zeigt, dass du über das nachgedacht hast, was du tust.

Der Kopf wird nur mit der weichen Kopf- oder Schmusebürste bearbeitet, weil dort die Knochen dicht unter dem Fell liegen. Du bürstest zuerst die Stirn, dann um die Augen herum und anschließend auch die empfindliche Ohren- und Genickpartie. Dort, wo die Trense aufliegt (hinter den Ohren, auf dem Nasen-rücken, am Unterkiefer und am Kehlgang) ist Sauberkeit sehr wichtig. Es gibt sonst leicht Scheuerstellen!

Nun bearbeitest du das ganze Pferd mit dem Striegel. Mit kräftigen, kreisenden Bewegungen und etwas Druck streichst du mit und gegen die Haarrichtung über das Fell. Du hast den Striegel in der linken Hand, wenn du die linke Seite deines Pferdes bis zu den Rippen putzt. Für die rechte Seite gilt das genau andersherum. Häufig wird der Striegel auf der Stallgasse (und nicht etwa an der Boxenwand!) ausgeklopft, um den gelösten Schmutz herauszuschlagen. Beim Genick angefangen, geht's weiter über den Hals, die Schulter, die Brust und die Unterarme. Bitte nicht vergessen, zwischen den Vorderbeinen zu putzen! Nun werden der Rücken, die Rippen und der Bauch gestriegelt. Den Striegel hast du jetzt in der rechten Hand. Viele Pferde sind am Bauch sehr kitzelig und können aus Unbehagen auch mal schlagen.

Dann kannst du die linke Hand auf den Rücken legen und beruhigend kraulen, während du mit der rechten den Bauch von Schmutz befreist. Dabei stehst du mit dem Gesicht dem Pferde-schweif zugewandt, damit du die Hinterbeine im Blick hast.

Jetzt kommt die Kruppe dran, von oben bis zum Sprunggelenk. Die Innenseiten der Hinterhand darfst du nur mit der Bürste bearbeiten. Hier und überall, wo Knochen dicht unter dem Fell liegen, also über den Schulterknochen, am Widerrist, auf der Wirbelsäule und an den Hüfthöckern bist du sehr vorsichtig und striegelst mit ganz wenig Druck. Oder du verwendest für diese Stellen einen Gummistriegel.

Die Beine werden von den großen Gelenken in der Mitte abwärts mit einer nicht zu harten Wurzelbürste bearbeitet. Hier musst du sehr sorgfältig sein! Wenn ein Pferd Gamaschen oder Bandagen trägt, darf kein Sandkorn scheuern! Ganz besondere Aufmerksamkeit musst du den Fesselbeugen schenken! Die Haut

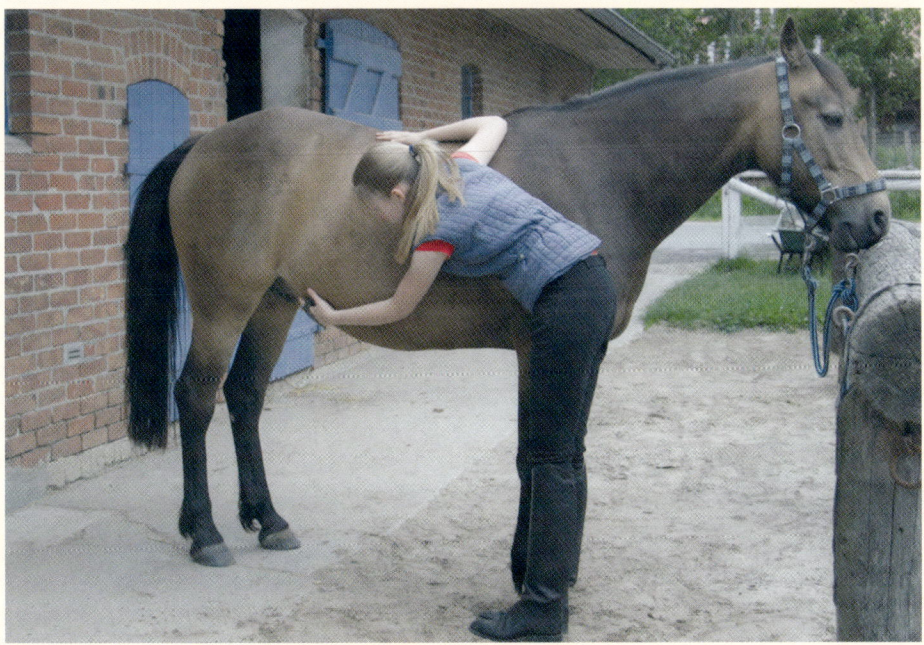

Der Bauch darf beim Putzen nicht vergessen werden. Die Hand auf dem Rücken lenkt ab und beruhigt. (Foto: Bosse)

ist hier sehr zart und empfindlich. Sauberkeit und Trockenheit dieser Stellen schützen das Pferd vor der schmerzhaften Mauke.

Wenn du fertig gestriegelt hast und die Beine sauber gebürstet sind, nimmst du den Striegel in die rechte Hand und die Kardätsche in die linke und beginnst wieder an der linken Halsseite, das Pferd in langen Strichen in Fellrichtung abzubürsten. Nach jedem Strich streichst du die Kardätsche über den Striegel, um die Bürste sauber zu halten. Und immer wieder wird der Striegel auf der Stallgasse ausgeklopft. Jetzt werden auch die Beine mitgebürstet. Natürlich wechselst du Striegel und Kardätsche, wenn du die rechte Seite putzt. Du bürstest so lange, bis sich das Fell seidig anfühlt und schön glänzt.

Pflege von Mähne und Schweif

Das Langhaar, also Mähne und Schweif, wird gesondert gepflegt. Die Mähne kannst du meistens kräftig bearbeiten. Es sei denn, sie ist sehr dünn und lang: Dann bürstest und kämmst du sie vorsichtig. Etwas Schweif- und Mähnenlotion zum Sprühen erlcichtert die Arbeit. Eine Drahtbürste, ähnlich wie Mädchen sie für ihr langes Haar benutzen, eignet sich recht gut. Aber auch eine Wurzelbürste tut gute Dienste.

Die lange Mähne wird von oben und von unten (wobei man die Mähne auf die andere Halsseite schlägt) gut durchgebürstet. Am Schluss kannst du noch mit dem Mähnenkamm die letzte Feinheit geben. Bei einigen Ponyrassen ist die Mähne dafür aber einfach zu dick. Ist die Mähne kurz, bürstest du kräftig hin und her und von oben und

Die Pflege des Langhaars ist eine sehr wichtige Aufgabe. Die Mähne darf gebürstet werden, beim Schweif dürfen aber nur die einzelnen Schweifhaare vorsichtig verlesen werden. (Foto: Bosse)

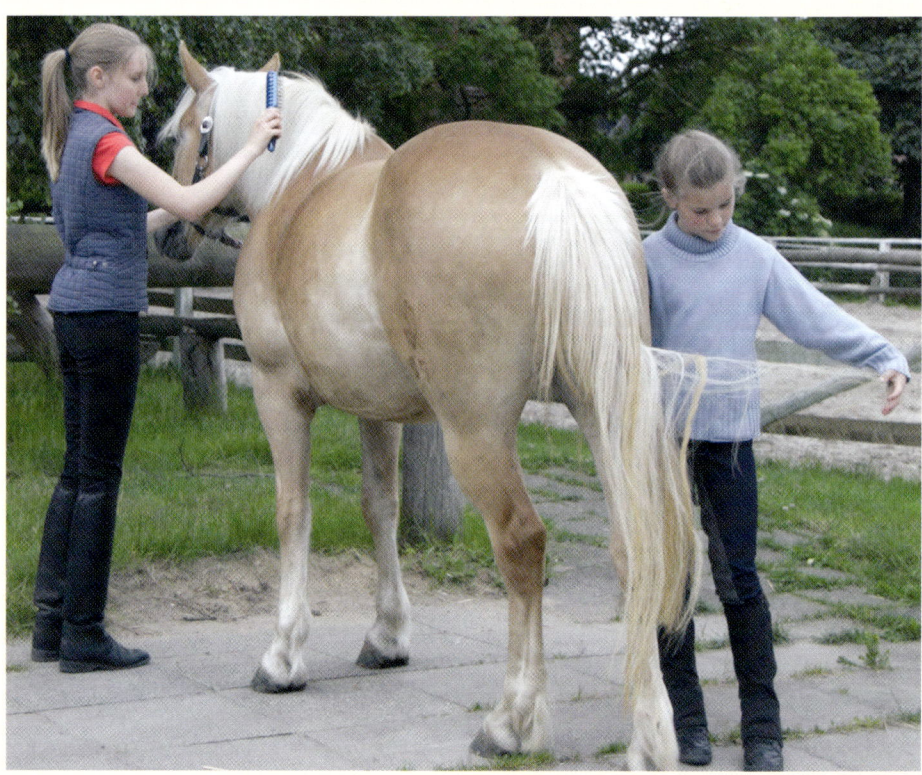

unten, um am Ende das glänzende Haar schön von oben nach unten in Form zu kämmen. Bitte vergiss den Stirnschopf nicht!

Kurze Mähnen werden von Zeit zu Zeit auf die gewünschte Länge von ungefähr einer Handbreit gekürzt. Entweder wird die Mähne verzogen, was sich aber nicht alle Pferde gefallen lassen, oder sie wird mit dem Mähnenmesser gekürzt. Beide Methoden erfordern einige Übung. Mit dem scharfen Mähnenmesser musst du sehr umsichtig umgehen, weil die Verletzungsgefahr groß ist.

Auf jeden Fall sollte man mit dem Pferdebesitzer besprechen, ob und auf welche Weise die Mähne seines Pferdes gekürzt werden soll! Dasselbe gilt für den Schweif!

Ein langer und voller Schweif sieht einfach schön aus und ist wichtig, um lästige Insekten abzuwehren. Es dauert Jahre, bis das einzelne Haar von der Schweifrübe bis zum Fesselkopf gewachsen ist. Also bitte kein Haar mit Bürste oder Kamm ausziehen!

Der Schweif wird nur verlesen. Dazu stellst du dich seitlich dicht neben die Hinterhand, denn das Pferd könnte ausschlagen, wenn es zieht. Du nimmst den vollen Schweif in eine Hand und liest mit der anderen jedes einzelne Haar heraus, entwirrst es, wenn es sich mit anderen Haaren verdreht hat und sammelst dabei Heu- und Strohteile heraus. Dies geht leicht, wenn der Schweif öfter mit Pferdeshampoo gewaschen und gut gespült wurde. Etwas Schweiflotion kann man in das trockene Haar sprühen, damit die Haare glatt werden und nicht verkletten.

Auch der Schweif muss regelmäßig gekürzt werden, da sich das Pferd sonst beim Aufstehen Haare büschelweise ausreißen kann. Das Haar an der Schweifrübe ist ein wichtiger Windschutz. Wenn das Pferd fein gemacht werden soll, wird der Schweif im Bereich der Rübe eingeflochten.

Weshalb werden einige Pferde geschoren?

Einige Pferde haben von Natur aus ein sehr dichtes und langes Fell. Wenn sie im Winter geritten werden, schwitzen sie sehr stark und können sich leicht erkälten. Dann ist es besser, sie zu scheren, da das Fell dann schneller trocknet. Wenn das Fell im Herbst geschoren wird, muss das Pferd sofort eine Decke als Schutz bekommen, die das natürliche Fell ersetzt. Auch beim Warmreiten lässt du die Decke noch eine Weile auf der Nierenpartie des Pferdes liegen, und nach der Reitstunde legst du sie gleich wieder auf. Natürlich braucht das Pferd eine wetterfeste Decke, wenn es in den Paddock oder auf die Weide gelassen wird. Pferde sind übrigens gegen Hitze und Kälte viel unempfindlicher als wir Menschen. Aber Zugluft können sie gar nicht vertragen! Ist ihre Nierenpartie feucht, erkälten sie sich leicht und können sehr krank werden.

Hufpflege

„Ohne Huf kein Pferd" lautet ein altes Sprichwort. Sind die Hufe nicht in Ordnung, kann das Pferd nicht richtig laufen. Etwa alle sechs bis acht Wochen muss ein Hufschmied die Hufe ausschneiden, runden und glätten. Kleinere Hornrisse und ausgebrochene Kanten werden

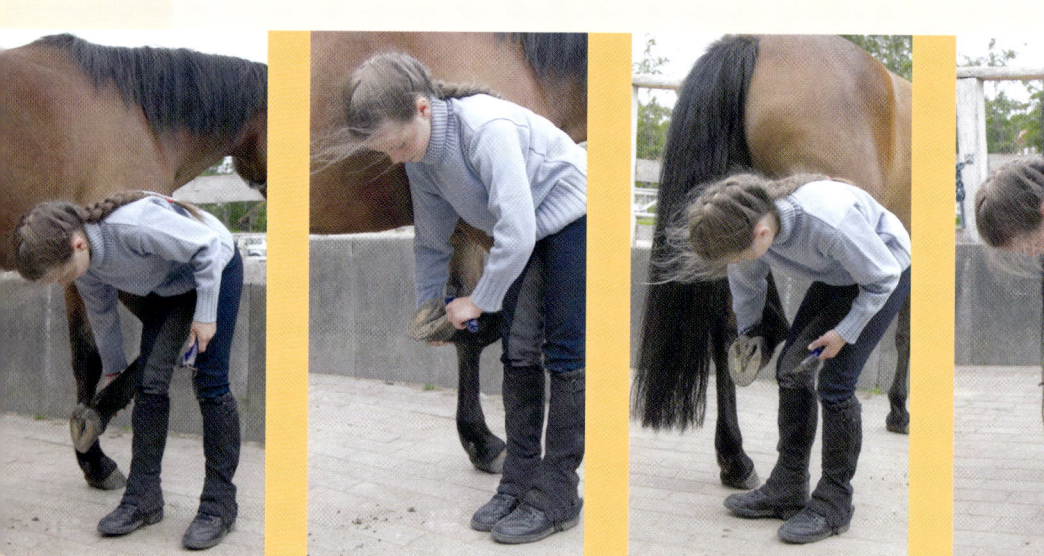

So werden die Vorderhufe und die Hinterhufe richtig aufgenommen und gesäubert. (Fotos: Bosse)

dabei beseitigt. Wenn das Pferd Eisen trägt, nimmt der Schmied die Eisen ab, richtet sie oder schlägt neue auf.

Die tägliche Hufpflege beginnt in der Box. Dort säuberst du die Hufe mit dem Hufräumer, damit die Stallgasse sauber bleibt. Zuerst nimmst du den linken Vorderhuf hoch, dann den rechten, anschließend den linken Hinterhuf und danach den rechten. Wenn du das immer in derselben Reihenfolge machst, geben die meisten Pferde von selbst die Hufe. Achte darauf, dass du die Hufe nie einfach loslässt, sondern vorsichtig wieder abstellst. Da sich leicht Steine in die Strahlfurche setzen, ist das Säubern der Hufe nach dem Reiten sehr wichtig.

Auch die mittlere Strahlfurche wird gründlich, aber vorsichtig gesäubert, denn wenn sich hier Schmutz festsetzt, kann es zu Entzündungen kommen. Mit der Bürstenseite des Hufräumers oder einer Hufbürste bearbeitest du die Hufe von innen und außen. Bitte nimm dafür keine Stahlbürste, weil sonst die Glashaut, das ist die Schutzschicht, die den Huf überzieht, beschädigt wird. Ist der Huf sehr verkrustet, reinigst du ihn mit Wasser und Hufbürste. Nach dem Trocknen fördert ein Lorbeeröl oder -fett das Hufwachstum, wenn du es mit einer alten Zahnbürste in den Kronrand einmassierst. Für den übrigen Huf eignet sich ein Pinsel.

Das Wichtigste zum Schluss: Versorgen des Pferdes nach dem Reiten

Wenn dein Pferd nach dem Reiten geschwitzt hat und sein Fell verklebt ist, wäre es unfair, es viele Stunden in diesem Zustand in der Box stehen zu lassen! Außerdem ist es nicht ungefährlich, denn ein verklebtes Fell juckt. Das Pferd wird sich heftig wälzen und könnte sich dabei festlegen. Mit einem feuchten Schwamm befreist du Sattellage, Gurtlage, Maul und Nüstern vom Schweiß. Das Fell wird noch mal kräftig mit der Wurzelbürste bearbeitet und mit Striegel und Kardätsche wieder schön glatt gebürstet. Die Hufe werden auf eingetretene Steine und Sand kontrolliert und eventuell eingefettet. Wenn das Pferd stark geschwitzt hat und noch nicht trocken ist, bekommt es eine Abschwitzdecke übergelegt, die du allerdings, wenn das Pferd trocken ist, wieder abnehmen und durch eine normale Stalldecke ersetzen musst. Eine Abschwitzdecke transportiert die Feuchtigkeit des Fells nach außen. Man kann sehen, dass auf der Oberfläche der Decke die Nässe wie Tau liegt. Bliebe die Decke auf dem Pferderücken liegen, würde die Nässe allmählich wieder die Decke durchtränken und wie ein nasskalter Umschlag auf dem Pferderücken liegen. Wenn einmal die Zeit knapp ist und das Pferd nicht geschoren, kannst du auch frisches Stroh auf den Pferderücken häufen.

Versorgen der Box

Damit es dein Pferd nach dem Reiten gut hat, muss die Box gesäubert werden. Die Pferdeäpfel und das nasse Stroh werden mit der Forke aus der Einstreu herausgesammelt und auf den Misthaufen gebracht. Das wird so gemacht, wenn täglich ausgemistet wird und anschließend frisches Stroh in die Box kommt. Die andere Möglichkeit ist, dass der festgetretene Mist, den man Matratze nennt, geglättet wird, sodass keine Kuhlen mehr vorhanden sind. Eine gute Matratze in der Box ist wichtig, damit die Pferde nicht auf dem kalten, harten Boden liegen, wenn sie das Stroh beiseitegescharrt haben. Das trockene Stroh wird gleichmäßig von den Rändern aus in der Box verteilt. Du musst unbedingt darauf achten, dass in der Mitte der Box kein Mistberg entsteht; die Ränder sollten immer etwas höher sein als die Mitte! Beim Wälzen könnte das Pferd sonst mit dem Rücken

zwischen Mistberg und Wand geraten und sich festlegen. Ein festliegendes Pferd kann sich nicht aus eigener Kraft befreien. Da Pferde Fluchttiere sind, geraten sie in Panik, wenn sie nicht aufstehen können. Dann musst du schnell Hilfe holen, damit das Tier mit Seilen und starken Männerarmen befreit werden kann.

Außerdem schaust du nach, ob die Selbsttränke sauber ist und funktioniert und ob dein Pferd womöglich in die Krippe geäppelt hat.

Wenn das Pferd in einem Laufstall oder in einem Offenstall steht, wird der Stall von Erwachsenen in Ordnung gebracht, weil meistens noch Pferde im Stall stehen und es zu gefährlich wäre, wenn du mit einer Forke dazwischen hantieren müsstest.

Die Box wird immer geglättet, solange das Pferd noch auf der Stallgasse angebunden steht. Niemals mit der Forke um das Pferd herumwirtschaften!

Natürlich beseitigst du allen Schmutz, den dein Pferd auf dem Putzplatz oder auf dem Weg zum Reitplatz hinterlassen hat. (Foto: Bosse)

Weißt du Bescheid?

16. Welche Nachteile hat die Boxenhaltung?

○ a) Das Pferd macht sich leichter schmutzig, weil es sich in seinen eigenen Mist legen muss.

✗ b) Das Pferd hat wenig Kontakt zu Artgenossen.

✗ c) Das Pferd kann sich nur wenig und nur auf engem Raum bewegen.

17. Was gehört zum Raufutter?

✗ a) Heu

○ b) Hafer

✗ c) Stroh

✗ d) Heulage

○ e) Müsli

18. Was ist beim Füttern zu beachten?

○ a) Ein Pferd darf so viel fressen, wie es möchte, damit es wirklich satt wird.

✗ b) Die Futtermenge richtet sich danach, wie viel ein Pferd geritten wird.

○ c) Vitamine sind immer gut, deshalb kann man damit nichts falsch machen.

✗ d) Pferde müssen mindestens dreimal pro Tag gefüttert werden.

20. Wie viel Wasser säuft ein Großpferd am Tag?

○ a) 10 bis 20 Liter

✗ b) 40 bis 70 Liter

✗ c) bei Hitze und Anstrengung manchmal deutlich mehr als 70 Liter.

19. Wo legst du am besten das Raufutter hin?

✗ a) Auf den Boden, denn Pferde fressen von Natur aus mit tiefer Kopfhaltung.

○ b) In die Futterkrippe, weil es dort am saubersten ist.

○ c) In die hintere Ecke der Box, damit das Pferd nicht die Halme auf der Stallgasse verteilt.

21. Welches sind typische Anzeichen für eine Kolik?

✗ a) Das Pferd ist unruhig und schaut sich nach seinem Bauch um.

○ b) Das Pferd schlägt mit dem Kopf.

✗ c) Das Pferd versucht sich zu wälzen.

○ d) Das Pferd säuft große Mengen Wasser.

22. Was tust du, wenn dein Pferd hustet?

✗ a) Du verständigst schnell den Tierarzt.

○ b) Du wartest erst einmal ab, vielleicht hat sich das Pferd nur leicht erkältet.

○ c) Du gibst deinem Pferd eine große Handvoll Hustenbonbons.

23. Wann darfst du das Pferd am Halfter und Strick führen?

✗ a) Wenn du es in gewohnter Umgebung führst, zum Beispiel von seiner Box zum Putzplatz.

○ b) Wenn das Pferd sich nur schwer auftrensen lässt.

○ c) Wenn alle Pferde des Stalls nur so geführt werden.

24. Warum sollst du ein Pferd immer rechtsherum wenden?

○ a) Weil Pferde sich normalerweise nach rechts leichter biegen.

✗ b) Damit das Pferd dich nicht überrennen kann, falls es sich in der Wendung erschrickt.

25. Worauf musst du achten, wenn du dein Pferd an einem anderen vorbeiführen willst?

- a) Falls das andere Pferd die Ohren anlegt, musst du warten, bis ein Helfer es festhält.
- b) Du musst möglichst langsam und leise an dem Pferd vorbeigehen, damit es sich nicht erschrickt.
- c) Du sprichst das andere Pferd an und führst dein Pferd zügig vorbei.

27. Warum ist Putzen so wichtig?

- a) Das Pferd soll schön aussehen.
- b) Weil die Haut des Pferdes gut durchmassiert wird.
- c) Es soll kein Sand und Dreck unter dem Lederzeug scheuern können.
- d) Putzen ist wichtig für den Kontakt zwischen Mensch und Pferd.

29. Wie pflegst du das Langhaar?

- a) Die Mähne wird sorgsam verlesen.
- b) Der Schweif wird kräftig mit der Wurzelbürste durchgebürstet.
- c) Für eine kurze Mähne benutzt du einen Mähnenkamm oder eine Drahtbürste.

31. Wie versorgst du das Pferd nach dem Reiten?

- a) Die Hufe musst du nicht noch einmal auskratzen, wenn du das vor dem Reiten gründlich gemacht hast.
- b) Du bringst das Pferd gleich in die Box, damit es jetzt seine Ruhe hat.
- c) Du spritzt das Pferd im Sommer wie im Winter mit einem kräftigen Wasserstrahl ab.
- d) Wenn das Pferd geschwitzt hat, legst du ihm eine Abschwitzdecke auf.

26. Welche Dinge gehören nicht in einen Putzkasten?

- a) Gummistriegel
- b) Pinsel für das Huffett
- c) Föhn für Mähne und Schweif
- d) Duftspray
- e) Schmusebürste

28. Welche Körperstellen müssen besonders aufmerksam geputzt werden?

- a) Die Fesselbeugen, weil die Haut hier sehr empfindlich ist.
- b) Zwischen den Vorderbeinen, weil Verkrustungen hier beim Reiten scheuern.
- c) Der Hals, weil man hier besonders gut sieht, ob das Fell glänzt.
- d) Der Kopf, damit die Trense keinen Schaden anrichtet.

30. Wie oft muss ein Pferd zum Schmied?

- a) Alle 6 bis 8 Monate.
- b) Alle 6 bis 8 Wochen.
- c) Ponys müssen viel seltener zum Schmied als Großpferde, weil ihre Hufe langsamer wachsen.

32. Was ist wichtig bei der Matratzenstreu?

- a) Die schmutzige Einstreu muss jeden Tag komplett entfernt werden.
- b) Die Ränder der Box müssen etwas höher eingestreut sein als die Mitte, damit sich das Pferd nicht festlegen kann.
- c) Eine Box mit Matratzenstreu muss nicht gepflegt werden, da die Pferde den Untergrund selbst festtreten.

Richtig ausgerüstet in die Reitstunde

Von Kopf bis Fuß auf Reiten eingestellt

Reitkappe: Die Reitkappe oder der Reithelm muss aus splitterfreiem Material sein und eine Drei- beziehungsweise Vierpunktbefestigung haben. Eine Reitkappe muss gut angepasst sein, weil sie dich nicht schützen kann, wenn sie rutscht oder deinen Kopf nicht richtig umschließt. Selbstverständlich hast du deine eigene Kappe und nicht zum Beispiel eine mit deiner Schwester zusammen!

Ein Sturz ohne Reitkappe kann ganz böse Folgen haben – deshalb musst du immer beim Reiten (in der Halle, auf dem Platz und im Gelände) und auch beim Führen eine Kappe tragen!

Reithose: Die Reithose ist als Stiefelhose am beliebtesten. Eine Jodhpurhose, zu der du nicht so kostspielige Stiefeletten tragen kannst, ist genauso chic und sinnvoll. Die Reithose muss gut passen, denn wenn sie Falten wirft, gibt es schmerzhafte Scheuerstellen. Ob die Reithose nur Knieverstärkung, Knieleder oder einen Vollllederbesatz hat, ist von deinem Geschmack und Geldbeutel abhängig. Zu Beginn deiner hoffentlich langen Reiterkarriere ist eine Knieverstärkung völlig ausreichend! Zur Reitabzeichenprüfung ist eine helle Hose (cremefarben, weiß oder hellgrau) korrekt.

Stiefel: Zur Stiefelhose gehört der lange Schaftstiefel. Er sollte bis an die Kniekehle reichen. Wenn er kürzer ist, könnte er mit dem Schaft unter das Sattelblatt haken und dich in eine gefährliche Situation bringen. Die Reitstiefel müssen zu Anfang keineswegs aus teurem Leder sein, ein gut passender Gummireitstiefel tut es auch! Zur Jodhpurhose trägst du Stiefeletten, die du auch ganz normal zu Jeans tragen kannst. Stiefel wie Stiefeletten müssen unbedingt eine durchgehende Sohle ohne grobes Profil und einen Absatz haben. Sonst bleibst du leicht bei einem Sturz im Steigbügel hängen, und das ist gefährlich!

Handschuhe: Es ist sinnvoll, stets mit Reithandschuhen zu reiten. Mit kalten, klammen Fingern wirst du kaum gefühlvoll die Zügel führen können.

(Foto: Bosse)

Reithandschuhe haben Verstärkungen zwischen dem Ringfinger und dem kleinen Finger und am Daumen und Zeigefinger, weil dort der Zügel den Handschuh am stärksten strapaziert. Am Handgelenk sollten sie gut abschließen, damit sie nicht stören. Handschuhe gibt es aus verschiedenen Materialien in allen Preisklassen. Zum Turnieranzug gehören weiße Handschuhe.

Gerte: Die Gerte sollte elastisch, aber nicht zu weich sein, damit sie nicht im Rhythmus wippt und dabei versehentlich das Pferd berührt. Dressurgerten sind länger als Springgerten, weil du die Hinterhand deines Pferdes erreichen musst. Sie darf aber einschließlich Schlag nicht länger als 1,20 Meter sein. Die Springgerte (auch Springklatsche genannt) ist höchstens 75 Zentimeter lang und hat am Ende eine verbreiterte Lederschlaufe oder zwei kleine Lederlappen, die klatschen, wenn die Gerte eingesetzt wird.

> Beide Gertenarten sind nicht zum Verhauen gedacht, sondern eher wie ein Zauberstab zu benutzen.

Sporen: Die Sporen muss man sich verdienen! Dein Reitlehrer wird dir sagen, wann dein Sitz so unabhängig und gefestigt ist, dass du Sporen tragen darfst.

Die Sporen werden vier oder fünf Zentimeter über dem Absatz so verschnallt, dass sie nicht nach unten kippen können. Der Dorn zeigt dabei leicht nach unten und muss eine Form haben, dass er das Pferd nicht verletzen kann. Er darf für Pferde nicht länger als 4,5 Zentimeter und für Ponys nicht länger als 3,5 Zentimeter sein.

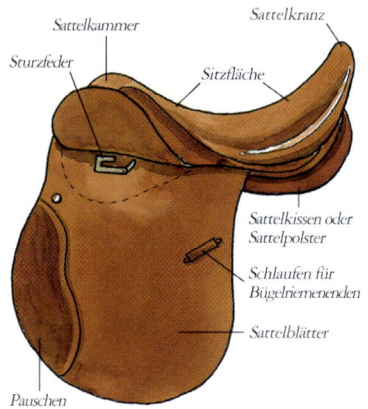

Sattelkammer

Sattelkranz

Sturzfeder

Sitzfläche

Sattelkissen oder Sattelpolster

Schlaufen für Bügelriemenenden

Sattelblätter

Pauschen

Die wichtigsten Sattelteile. Die Sturzfeder muss stets in einwandfreiem Zustand sein. Nur dann kann bei einem Sturz der Steigbügelriemen herausrutschen und der Reiter bleibt nicht mit dem Bein am Pferd hängen. (Zeichnung: von Hacht)

Aufgesattelt – rund um den Sattel

Die gebräuchlichsten Satteltypen sind Dressursattel, Springsattel und Vielseitigkeitssattel. Außerdem gibt es den Westernsattel, verschiedene Gangpferdesättel und den Damensattel. Alle Sättel bestehen im Prinzip aus den gleichen Hauptteilen. Beim Westernsattel heißen sie nur anders.

Der **Dressursattel** hat besonders lange Schweißblätter, gerade nach unten verlaufende

Pauschen und einen tiefen Sitz. So kann der Reiter mit längeren Bügeln reiten und sitzt sehr nah am Pferderücken.

Der **Springsattel** hat kürzere Schweißblätter, nach vorn gewölbte, stärkere Kniepauschen und einen flachen Sitz. Der Reiter kann dadurch die Bügel kurz schnallen und hat eine größere Bewegungsfreiheit.

Der **Vielseitigkeitssattel** ist ein Mittelding zwischen beiden. Er eignet sich sehr gut für Reitanfänger und um junge Pferde anzureiten. Im Gelände und über kleinen Sprüngen ist er ideal, weil man die Bügel kürzer schnallen kann, um im leichten Sitz zu galoppieren.

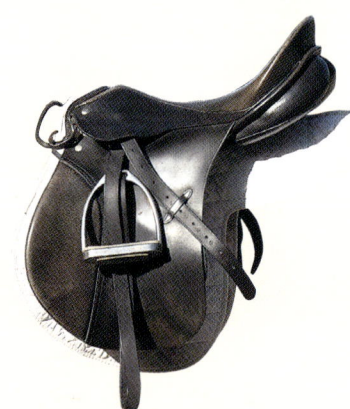

Was Prüfer gerne fragen
Wie heißen die wichtigsten Teile des Sattels?

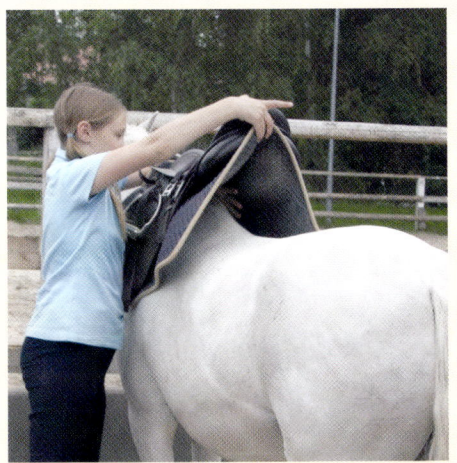 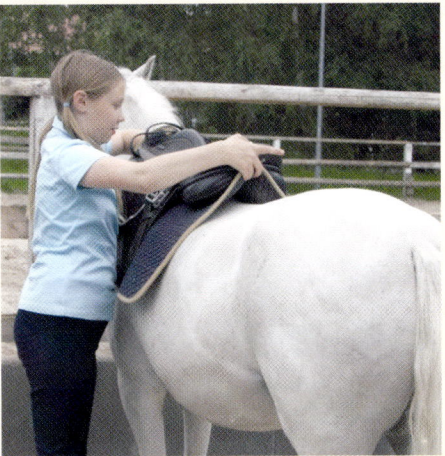

Der Sattel wird weit vorn und von oben aufgelegt und dann mit der Fellrichtung in die richtige Lage geschoben. (Fotos: Bosse)

Das Kammern ist wichtig, damit die Decke nicht auf den Widerrist drückt. (Foto: Bosse)

Richtig aufsatteln

Am besten sattelst du erst dein Pferd und legst danach die Trense auf. Das Pferd steht sicher und ruhig, solange es angebunden ist. Außerdem hast du mehr Zeit zum Nachgurten.

Zum Satteln müssen die Steigbügel hochgezogen und der Gurt glatt über den Sattel geschlagen sein. Deine linke Hand greift in die Sattelkammer, die rechte fasst den Sattel am Zwiesel, zusammen mit der Satteldecke. Nun hebst du den Sattel ruhig von der linken Seite auf den Widerrist deines Pferdes. Kleine Leute sollten einen Tritt verwenden oder sich helfen lassen.

Jetzt ziehst du den Sattel nach hinten, bis er mit der vorderen Polsterung in der Kuhle hinter der Schulter des Pferdes liegt (bei Ponys manchmal schwer zu erkennen). So liegt das Fell unter dem Sattel schön glatt, und es gibt keine Scheuerstellen!

Dann gehst du um das Pferd herum und ziehst noch einmal die Satteldecke nach oben in den Sattel hinein. Man nennt das „den Sattel kammern".

Wenn die Decke überall glatt liegt, nimmst du den Gurt vorsichtig herunter, damit sich das Pferd nicht erschrickt. Von der linken Seite schnallst du den Gurt so fest, dass er etwa eine

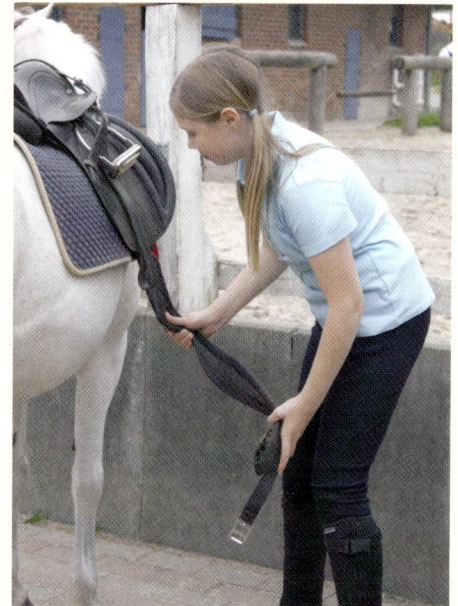

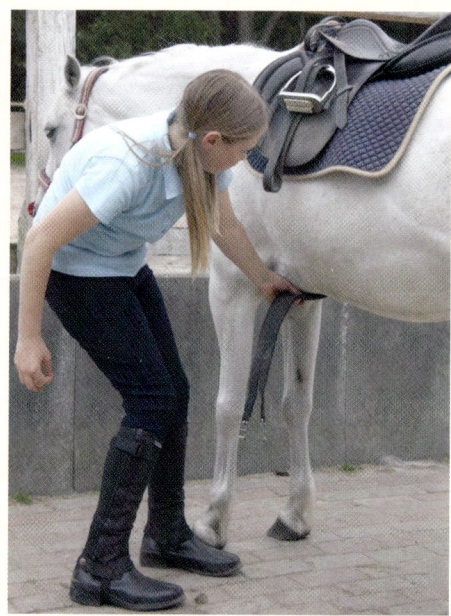

Du nimmst den Sattelgurt vorsichtig herunter und ziehst ihn dann von links unter dem Bauch hervor.

Der Sattelgurt wird anfangs nur so weit festgezogen, dass der Sattel nicht mehr verrutschen kann. (Fotos: Bosse)

Rechts: So gurtest du richtig nach. (Foto: Bosse)

Handbreit hinter dem Ellenbogengelenk des Pferdes liegt. Anfangs wird nur so fest gegurtet, dass der Sattel nicht mehr verrutschen kann.

Nach dem Auftrensen (siehe Seite 49) kannst du den Gurt meistens schon ein bis zwei Loch fester ziehen. Bevor du aufsitzt, ziehst du die Schnallen nochmals ein bis zwei Löcher an. Die endgültige Festigkeit bekommt der Gurt, wenn du ein paar Runden geritten bist.

Nachgurten nie vergessen! Ein lockerer Sattel ist nicht nur für dich gefährlich, sondern kann den Pferderücken schmerzhaft wundscheuern!

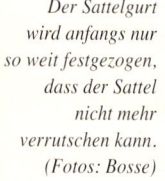

Korrektes Absatteln: erst den Gurt lösen und über den Sattel legen und dann den Sattel von der linken Seite vom Pferderücken heben.
(Fotos: Bosse)

Nachgegurtet wird immer im Halten. Du nimmst beide Zügel in die rechte Hand, sie bleiben leicht angestellt. Das linke Bein legst du im Steigbügel mit dem Knie über die Sattelpauschen. Mit der linken Hand hebst du das Sattelblatt an und gurtest erst die hintere und dann die vordere Strippe nach. Anschließend legst du dein Bein ruhig wieder an den richtigen Platz.

Das Nachgurten ist nicht schwer, sehr kleine Leute sollten sich ruhig helfen lassen. Nur vergessen darf man das Nachgurten nicht!

Absatteln

Nach dem Absitzen schiebst du als Erstes die Steigbügel hoch, damit sie nicht umherklappern, falls sich das Pferd erschrickt. Dann lockerst du den Sattelgurt um ein bis zwei Loch. So führst du dein Pferd in den Stall. Dort nimmst du ihm die Trense ab, halfterst es auf und bindest es an. Jetzt löst du den Sattelgurt, gehst auf die rechte Seite des Pferdes und legst den Sattelgurt über den Sattel. So ist der Sattel für den nächsten Gebrauch gleich in Ordnung. Von der linken Seite greifst du wieder mit der linken Hand in die Sattelkammer und mit der rechten den Zwiesel und hebst Sattel und Satteldecke mit einer ruhigen Bewegung vom Pferd. Der Sattel wird zugedeckt auf den Sattelbock gelegt (und nicht etwa erst auf die Stallgasse!).

Genickriemen

Stirnriemen

Backenstück

Nasenriemen

Kehlriemen

Gebiss oder
Mundstück

Sperriemen oder
Pullerriemen

Zügel

Hannoversches Reithalfter.

Kombiniertes Reithalfter. (Fotos: Krumm)

Aufgezäumt – rund um die Trense

Verschiedene Zäumungen

Eine Trense besteht aus dem Zaum, auch Kopfstück genannt, mit dem Gebiss oder Mundstück, den Zügeln und dem Reithalfter. Die Reithalfter sind verschieden im Aussehen und in der Wirkung. Die gebräuchlichsten Reithalfter sind das hannoversche Reithalfter, das englische Reithalfter und das kombinierte Reithalfter.

Das Gebiss

Trensengebisse wirken über die Zunge auf die Kinnladen des Pferdes. Das Pferdegebiss hat zahnlose Zwischenräume auf beiden Seiten des Unterkiefers, die sogenannten Laden. Hier liegt das Gebiss, wenn es korrekt verschnallt ist. Das Backenstück des Zaumes musst du derart verschnallen, dass das Gebiss zwei kleine Falten an den Lefzen bildet. Hängt es zu tief, kann das Pferd die Zunge darüberschieben – hängt es zu hoch, zieht das Gebiss die Lefzen schmerzhaft hoch. Man muss das Gebiss also sehr genau verschnallen! Ein dickes Gebiss wirkt weicher als ein dünnes. Es muss exakt dem Pferdemaul angepasst sein: Ist es zu lang, klemmt es das Maul ein wie ein Nussknacker, ist es zu kurz, kneift es die Maulwinkel ein.

> Wenn die Trense neu oder für dich fremd ist, frage immer den Reitlehrer oder einen erfahrenen Reiter, ob die Trense richtig verschnallt ist.

Es gibt eine Vielzahl verschiedener Gebisse, die sich in Form, Dicke und Querschnitt un-

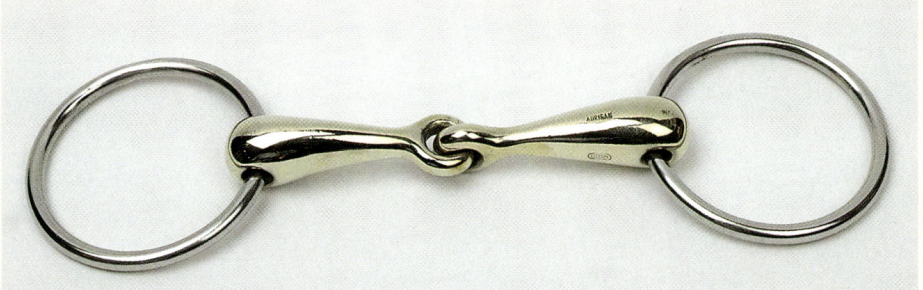

Einfach gebrochene Wassertrense.

Doppelt gebroche-ne Wassertrense. (Fotos: Prohn)

terscheiden. Außerdem können sie aus verschiedenen Materialien bestehen und einfach oder doppelt gebrochen sein. Sie dürfen nicht rostig sein oder gar ausgeschlagen, das heißt dass sie scharfe Kanten an den Löchern haben, durch die die Trensenringe laufen.

Die Wassertrense ist das gebräuchlichste Mundstück. Sie kann einfach gebrochen oder doppelt gebrochen sein. Es gibt sie auch als Olivenkopftrense. Dann hat sie eine ovale Verdickung am Ende des Mundstücks, durch das die Trensenringe laufen.

Was Prüfer gerne fragen

Wie heißen die wichtigsten Teile der Trense?
Welche Teile von Sattel und Trense musst du besonders sorgfältig kontrollieren?

Richtig auftrensen

Du hängst die geordnete Trense über deinen linken Arm. Dann stellst du dich links neben den Pferdekopf mit Blick nach vorn. Du löst das Halfter und streifst es über den Pferdehals, sodass das Pferd am Hals noch mit Halfter und Strick gehalten wird. Du legst mit der rechten Hand die Zügel über den Hals und fasst jetzt die Trense mit der rechten Hand am Kopfstück. Vorsichtig legst du die Hand mit der Trense auf das Nasenbein des Pferdes, während die linke flache Hand mit leicht gekrümmten Fingern das Gebiss zwischen die Zähne

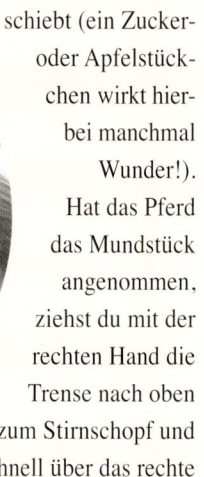

schiebt (ein Zucker-
oder Apfelstück-
chen wirkt hier-
bei manchmal
Wunder!).
Hat das Pferd
das Mundstück
angenommen,
ziehst du mit der
rechten Hand die
Trense nach oben
zum Stirnschopf und
schnell über das rechte
Ohr, anschließend
zieht deine lin-
ke Hand das
linke Ohr
unter dem
Genick-
stück
durch.
Den
Stirnschopf
ordnest du über
dem Stirnband.
Das Stirnband muss
lang genug sein, damit das Genickstück nicht
nach vorn gezogen wird und an den empfindlichen Ohren drückt. Jetzt
noch den Nasenriemen
schließen: Beim
hannoverschen
Reithalfter wird
er unter dem
Gebiss so ver-
schnallt, dass
das Sperrhalfter
drei bis vier Fin-
gerbreit über dem
Nüsternrand ver-
läuft und zwei Finger zwi-

schen Nasenbein und Riemen Platz haben. Nun
schließt du noch den Kehlriemen so locker, dass
eine hochgestellte Hand zwischen Kehle und
Riemen passt.

Beim kombinierten Reithalfter, dem englischen
Reithalfter mit Sperrriemen (auch als Pullerriemen bezeichnet), wird der Nasenriemen oberhalb
des Trensengebisses verschnallt. Und zwar so,
dass er zwei Fingerbreit unterhalb des Jochbeins
liegt und zwei Finger seitlich am Nasenbein
dazwischenpassen. Der Sperrriemen wird unter
dem Gebiss hindurchgeführt und ebenfalls mit
zwei Fingerbreit Platz geschlossen. Den Kehlriemen schließt du auf dieselbe Weise wie beim
hannoverschen Reithalfter.

Wenn die Trense fertig verschnallt ist, ziehst
du das Halfter vom Hals über den Kopf und
hängst es an den Haken. Niemals lässt du das
Halfter auf dem Boden der Stallgasse liegen!
Andere Pferde könnten hineintreten, sich erschrecken und sich und andere Menschen verletzen.

> Immer zuerst den Nasenriemen schlie-
> ßen, damit das Pferd gar nicht erst in
> Versuchung gerät, mit dem Mundstück
> herumzuspielen.

Gemeinsam macht die wichtige Lederpflege viel Spaß! (Foto: Bosse)

Die Lederpflege

Um die Sicherheit, Reißfestigkeit und Geschmeidigkeit des Leders für lange Zeit zu erhalten, muss es regelmäßig geputzt und kontrolliert werden. Die teuren Ausrüstungsgegenstände halten dann viel länger und sehen viel schöner aus.

Für die Lederpflege benötigst du einen Schwamm (ein Topfschwamm tut gute Dienste), eine alte Zahnbürste, einen Lappen aus Baumwolle, einen Wolllappen, Sattelseife und Lederfett. Nach jedem Reiten reinigst du die Trense und den Sattel mit dem feuchten Baumwolllappen und etwas Sattelseife von Schweiß, Staub und Dreck. Die Zahnbürste eignet sich gut für die Reinigung der Nähte und Ritzen am Sattel. Dabei kontrollierst du ganz genau, ob

die Sturzfedern beweglich sind, und ölst sie bei Bedarf mit einem Tropfen Öl. Die Bügelriemen haben Nähte, die die Schnallen halten. Sie scheuern nach längerem Gebrauch durch. Dann müssen sie zum Sattler, damit sie nicht zur Gefahr werden! Du musst sie beim Putzen immer genau ansehen!

Mit Lappen und Seife werden die einzelnen Lederteile abgerieben, und bei Verkrustungen, zum Beispiel am Pullerriemen, kommt der Topfschwamm zum Einsatz. Die Sattelseife wird nicht abgespült, sondern, nachdem sie getrocknet ist, mit dem Wolllappen nachpoliert.

Von Zeit zu Zeit musst du die Trense vollständig auseinanderschnallen, um auch um die Schnallen herum und alle Ritzen säubern zu können. Dabei untersuchst du auch das

Trensengebiss genau auf scharfe Kanten. Nur gut getrocknetes Leder darfst du fetten! Sonst „schwitzt" das Leder, das heißt die Feuchtigkeit dringt von innen durch das Fett und macht das Leder glitschig. Bügelriemen, Sattelstrippen und Pullerriemen musst du häufiger säubern und fetten, weil sie ganz besonders strapaziert werden.

Was Prüfer gerne fragen
Wie pflegst du das Leder?

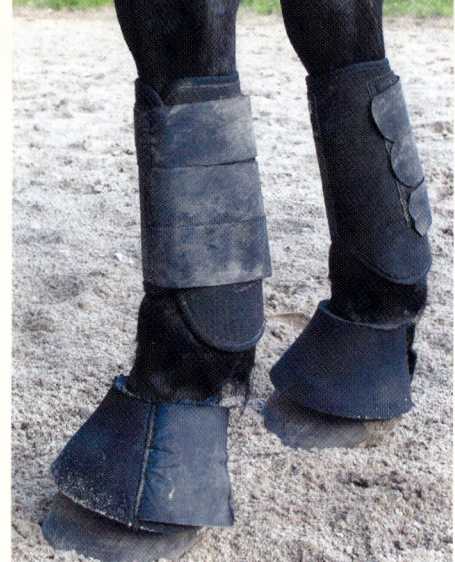

Gamaschen sind besonders schlagfest. Sie haben für die Vorder- und Hinterbeine jeweils angepasste Formen. Die Springglocken schützen die Kronränder. (Foto: Bosse)

Jede Menge Zubehör

Gamaschen, Bandagen, Springglocken

Wenn dein Pferd beschlagen ist, sollte es einen Beinschutz beim Reiten tragen. Es könnte sich sonst leicht verletzen, wenn es mit dem Huf des einen Beins gegen das andere Bein schlägt. Gamaschen sind praktisch, weil sie schnell anzulegen und gut sauber zu halten sind. Sie sind schlagfest, haben aber kaum Stützfunktion. Die Klettverschlüsse schließt du immer von vorn nach hinten, damit sie sich nicht öffnen, wenn du in hohem Gras oder Gestrüpp reitest. Gamaschen haben für Vorder- und Hinterbeine unterschiedliche Formen: Für die Vorderbeine sind sie kürzer und für die Hinterbeine länger.

Unter Gamaschen und Bandagen muss das Fell immer glatt liegen, damit nichts scheuern kann. Die Klettverschlüsse immer in ganzer Länge schließen!

Bandagen haben eine geringe Stütz- und Massagewirkung. Sie sehen in Weiß sehr hübsch aus und werden für besondere Gelegenheiten benutzt. Für die Hufeisen-Prüfungen wird das Bandagieren noch nicht von dir verlangt, denn richtiges Bandagieren ist schwierig.

Springglocken schützen den Kronrand beim Springen, und auf der Weide verhindern sie, dass das Pferd sich die Eisen abtritt. Natürlich nimmst du die Glocken in der Box wieder ab und reinigst sie, um Scheuerstellen zu vermeiden.

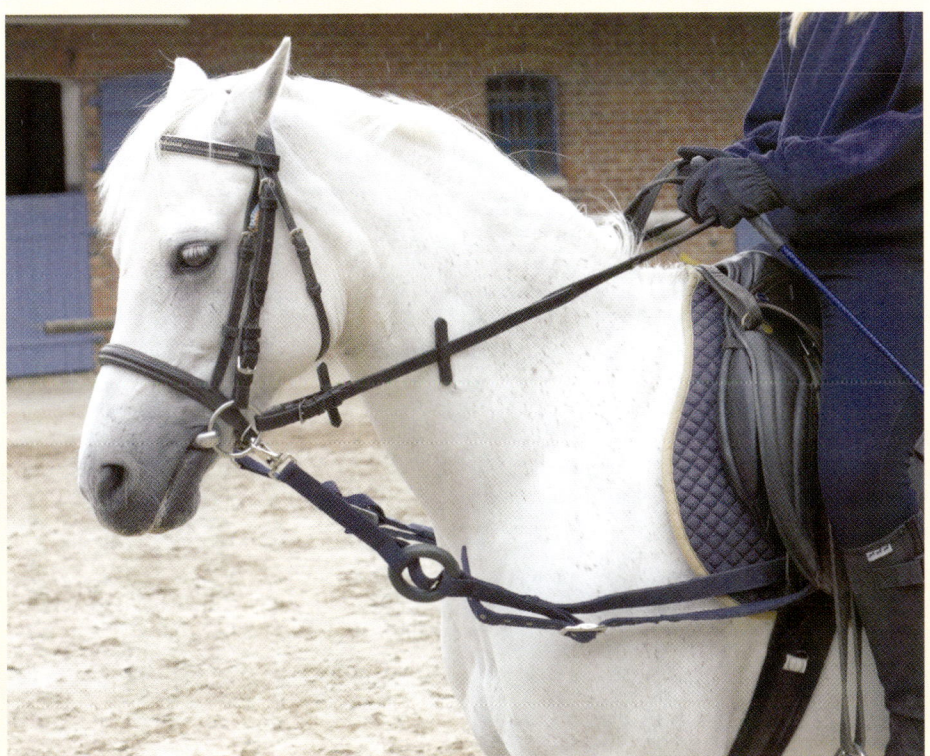

Ausbinder sind häufig benutzte Hilfszügel. (Foto: Bosse)

Bandagen und Gamaschen sind in Dressurprüfungen und bei Reitabzeichenabnahmen nicht erlaubt!

Für die Prüfung zum Kleinen, Großen und Kombinierten Hufeisen sind einige Hilfszügel ausdrücklich erlaubt! Übe für die Prüfung nur mit erlaubten Hilfszügeln! Erlaubt sind seitliche Ausbindezügel, auch Ausbinder genannt, Stoßzügel, Dreiecks-, Lauffer- oder Schlaufausbinder (das ist alles dasselbe) und das gleitende Ringmartingal.

Hilfszügel

Hilfszügel sind zusätzlich eingeschnallte Zügel, die dir und deinem Pferd die Verständigung, besonders zu Beginn deiner Ausbildung, erleichtern können. Am Anfang ist es oft sehr schwer, immer eine gleichmäßige, weiche und passende Verbindung zum Pferdemaul zu haben. Es gibt eine Reihe erlaubter und viele verbotene Hilfszügel. Dein Reitlehrer wird dich bestimmt beraten.

Weißt du Bescheid?

33. Wie soll dein Reithelm beschaffen sein?

- ☒ a) Er muss bruchsicher und splitterfrei sein.
- ☒ b) Er soll eine Drei- oder Vierpunktbefestigung haben.
- ○ c) Er muss einen Samtbezug haben.

34. Welche Schuhe musst du zum Reiten tragen?

- ○ a) Es müssen unbedingt Lederstiefel sein.
- ☒ b) Die Sohle muss von vorn bis hinten durchgehend sein.
- ☒ c) Jeder Schuh zum Reiten muss einen Absatz haben.
- ☒ d) Die Stiefel müssen bis in die Kniekehle reichen.

35. Wie lang darf eine Dressurgerte sein?

- ○ a) 75 Zentimeter.
- ○ b) Das hängt von der Größe des Pferdes ab.
- ☒ c) Höchstens 1,20 Meter.
- ○ d) Egal ob du in der Halle oder im Gelände reitest, du benutzt immer die gleiche Gerte.

36. Wenn du dein Pferd zum Reiten fertig machst, womit beginnst du?

- ○ a) Du legst zuerst die Trense auf.
- ☒ b) Du legst zuerst den Sattel auf.
- ○ c) Pferde haben unterschiedliche Vorlieben, danach entscheidest du die Reihenfolge.

37. Was ist beim Angurten zu beachten?

- ☒ a) Du gurtest zuerst nur vorsichtig an und wartest mit dem Nachgurten, bis sich das Pferd an den Gurt gewöhnt hat.
- ○ b) Du musst den Gurt von Anfang an kräftig festziehen, damit der Sattel nicht rutschen kann.
- ○ c) Sobald du auf dem Pferd sitzt, wird nicht mehr nachgegurtet.
- ○ d) Nachgegurtet wird immer auf der rechten Seite, weil die meisten Leute im rechten Arm mehr Kraft haben.

38. Welchen Sinn hat der Stirnriemen?

- ☒ a) Er hält das Genickstück am richtigen Platz.
- ○ b) Er sieht schön aus, wenn er mit funkelnden Steinchen verziert ist.
- ○ c) Man klemmt den Mähnenschopf unter dem Stirnriemen fest, damit er nicht weht.

39. Ein Sattel mit langen, geraden Schweißblättern ist ein ...

- ○ a) ... Springsattel.
- ☒ b) ... Dressursattel.
- ○ c) ... Vielseitigkeitssattel.

40. Was gilt für die Sturzfeder?

- ☒ a) Sie ermöglicht es, dass sich der Steigbügelriemen bei einem Sturz löst, sodass der Reiter nicht mit dem Bein am Pferd hängen bleibt.
- ○ b) Sie bringt Elastizität und vereinfacht das Leichttraben.
- ○ c) An der Sturzfeder ist der Gurt befestigt.
- ○ d) Die Sturzfeder darf sich nicht bewegen, sie muss richtig fest sein.

41. Wie sollten die Steigbügel beschaffen sein?

- a) Immer schön blank geputzt.
- b) Groß und schwer genug, damit der Fuß des Reiters leicht herausrutschen kann.
- c) Klein, leicht und zierlich, damit auch Kinderfüße hineinpassen.

42. Welches Gebissstück ist weicher?

- a) Das dicke, schwere, weil es ruhiger im Maul liegt.
- b) Das dünne, leichte, weil es für das Pferd angenehmer ist.

43. Welche Teile von Sattel und Trense musst du besonders sorgfältig kontrollieren?

- a) Den Sattelgurt
- b) Das Gebiss
- c) Die Nähte der Steigbügelriemen
- d) Den Stirnriemen

44. Worauf ist beim Gebiss besonders zu achten?

- a) Es muss stets schön blank geputzt sein.
- b) Die Löcher, durch die die Ringe laufen, dürfen nicht ausgeschlagen sein.
- c) Ein bisschen Rost schadet nicht.
- d) Ein rostiges Gebiss muss ausgetauscht werden.

45. Was gilt für das hannoversche Reithalfter?

- a) Es wird unterhalb des Gebisses verschnallt.
- b) Es muss so tief wie möglich verschnallt werden, damit das Pferd das Maul nicht öffnen kann.
- c) Man kann es nicht zu eng verschnallen, da die Knochen des Pferdes sehr stark sind und ein Einschnüren verhindern.
- d) Zwischen Nasenrücken und Reithalfter müssen zwei Finger Platz haben.

46. Was musst du beim kombinierten Reithalfter beachten?

- a) Der Nasenriemen muss zwei bis drei Fingerbreit unterhalb des Jochbeins liegen.
- b) Der Pullerriemen muss sehr gut sauber gehalten werden, damit er nicht scheuert.
- c) Man darf mit dem Pullerriemen das Maul des Pferdes nicht einschnüren.

47. Wie wird der Kehlriemen verschnallt?

- a) Möglichst fest, damit das Pferd die Trense nicht abstreifen kann.
- b) So locker, dass eine hochgestellte Hand zwischen Kehle und Riemen passt.

48. Wozu werden Gamaschen verwendet?

- a) Sie schützen, besonders bei Pferden mit Hufeisen, die Beine vor Trittverletzungen.
- b) Sie dienen beim Dressurreiten dazu, dass das Pferd die Beine besser hebt.
- c) Sie stützen die Sehnen und Gelenke, deshalb kann man das Warmreiten auch mal ausfallen lassen.

49. Welche Hilfszügel sind für die Hufeisenprüfungen erlaubt?

- a) Gleitendes Ringmartingal
- b) Schlaufzügel
- c) Stoßzügel
- d) Laufferzügel
- e) Seitliche Ausbindezügel

(Zeichnung: Polsterer)

Erfolgreich im Sattel

So findest du ungefähr deine Bügellänge. Die genaue Länge kannst du erst im Sattel einstellen. (Foto: Bosse)

Rauf und runter

Einstellen der Steigbügellänge

Die Bügellänge muss für dich passen, sonst kannst du nicht korrekt sitzen!

Deine Bügellänge für das dressurmäßige Reiten findest du ungefähr, indem du die Fingerkuppen auf die Bügelriemenschnalle des herabgezogenen Bügels legst. Der Steigbügeltritt muss dann bei ausgestrecktem Arm bis in deine Achselhöhle reichen. Genau kannst du die Länge aber erst auf dem Pferd einstellen. Du musst noch mit tiefem Absatz leichttraben können, sonst sind sie zu lang. Im Aussitzen sollen deine Beine locker aus dem Hüftgelenk hängen, ohne dass deine Knie zu stark gewinkelt sind – dann sind sie zu kurz.

Für das Reiten im Gelände schnallst du die Bügelriemen ein bis zwei Löcher kürzer. Du hast dann einen besseren Halt. Fürs Springen verkürzt du die Bügel nochmals um zwei bis drei Löcher.

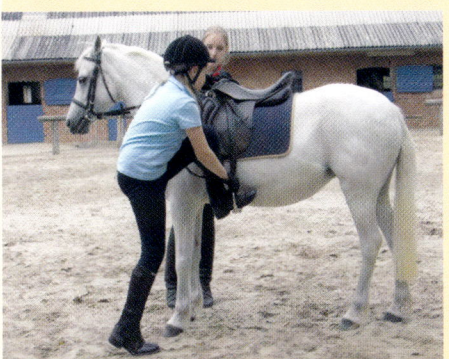

Aufsitzen

Aufsitzen ist manchmal nicht ganz leicht! Ist dein Pferd zu groß für dich und gut erzogen, so kannst du es neben eine Aufsitzhilfe, eine kleine Bank oder eine stabile Kiste stellen und von dort aus aufsitzen. Das schont deine Knie, den Sattel und das Pferd. Für das Pferd ist das Aufsitzen nämlich sehr unangenehm, wenn sich der Reiter mühsam in den Sattel hangelt. Für das Große Hufeisen solltest du aber vom Boden aus aufsitzen können.

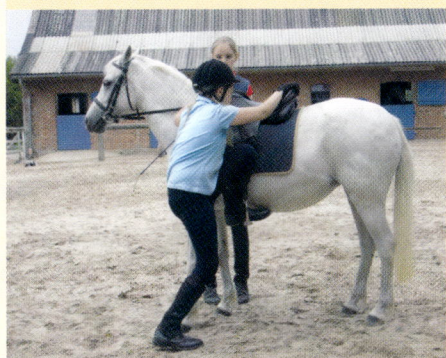

Vor dem Aufsitzen führst du das Pferd zügig in die Mitte des ersten Zirkels und stellst es parallel zur kurzen Seite auf. Die Zügel legst du über den Pferdehals und schiebst deinen Arm hindurch, damit du dein Pferd im Griff hast. Jetzt ziehst du die passend verschnallten Bügel ohne lauten Knall herab, um die anderen Pferde in der Reitbahn nicht zu erschrecken.

So wird es richtig gemacht: Du stellst dich in Schulterhöhe neben das Pferd mit dem Blick in Richtung Schweif, fasst mit der linken Hand ein Büschel Mähne oder den „Notriemen" des Sattels und hebst den linken Fuß in den Steigbügel, den du mit der rechten Hand festhältst. Dann fasst du mit der rechten Hand den Sattelkranz und stößt dich vom Boden ab. Das rechte Bein wird über den Pferderücken geschwungen, ohne das Pferd zu berühren, bevor du dich weich in den Sattel setzt.

(Foto: Bosse)

 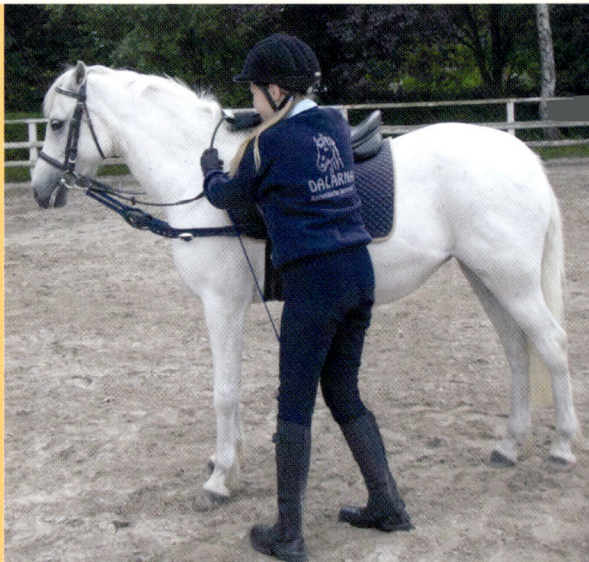

Auch beim Absitzen musst du darauf achten, dass dein rechtes Bein nicht den Pferderücken berührt. Und beim Landen auf dem Boden passt du auf, dass du nicht versehentlich an den Zügeln ziehst! (Fotos: Bosse)

Absitzen

Du bringst dein Pferd im oberen Zirkel parallel zur kurzen Seite zum Halten. Dann nimmst du beide Zügel in die linke Hand und greifst damit in die Mähne. Nun nimmst du den rechten Fuß aus dem Bügel und schwingst das rechte Bein über den Pferderücken. Pass auf, dass du dabei nicht den Rücken streifst, denn Pferde sind kitzelig! Schnell greifst du mit der rechten Hand den Sattelkranz und legst dich mit dem Oberkörper quer über den Sattel in eine Art Stützhang. Nun ziehst du den linken Fuß aus dem Bügel und lässt dich zu Boden gleiten. Es gibt noch eine andere Variante: Du nimmst zuerst beide Füße aus den Bügeln, holst mit den Beinen Schwung und springst nach links ab. Diese Art abzusitzen ist sicherer bei jungen Pferden, die noch nicht ruhig stehen bleiben. Auf keinen Fall darf deine rechte Hand an den Zügeln reißen! Die Zügel sollten aber immer leicht angestellt bleiben, damit du das Pferd unter Kontrolle behältst.

Jedes Pferd muss lernen, beim Auf- und Absitzen ruhig stehen zu bleiben, sonst wird es für den Reiter gefährlich.
Du solltest dir helfen lassen, wenn dein Pony oder Pferd dabei unruhig ist!

Sitzt du gut?

Der Dressursitz

Den Dressursitz erkennst du am aufrechten, aber nicht verkrampften Oberkörper. Im Dressursitz sitzt du gleichmäßig auf beiden Gesäßknochen tief im Sattel und lässt die Beine lang und locker hängen. Nur die Fußspitzen werden unter dem Ballen vom Steigbügel abgefangen. Die Absätze sind die tiefsten Punkte. Deine

Füße stehen ungefähr parallel zum Pferd, sodass die flache Wade am Pferdekörper anliegt (und nicht etwa die Ferse). Trägst du Sporn, kannst du nun sicher sein, dass der Sporen nach unten abwärts ragt und nicht unbeabsichtigt in die Pferderippen sticht. Wenn der Absatz tief ist und die Wade flach am Pferd liegt, kann das Fußgelenk in der Bewegung mitfedern. Das ist sehr wichtig! Dein Blick geht zwischen den Pferdeohren hindurch nach vorn. Die Schultern nimmst du ein wenig zurück und lässt sie entspannt fallen. Deine Oberarme hängen ganz natürlich herab und sind in den Ellenbogen gewinkelt, sodass die Fäuste etwa eine Handbreit über dem Widerrist stehen. Die Hände sind locker zur Faust geschlossen, der Daumen liegt wie ein Dach auf dem Zügel.

Beim korrekten Dressursitz kann man eine senkrechte Linie vom Ohr über die Schulter und die Hüfte bis zum Absatz ziehen.

Von hinten gesehen ergeben dein Kopf und Rücken zusammen mit der Mitte der Kruppe und dem Schweif des Pferdes eine senkrechte Linie. Schultern, Hüften und Füße sind jeweils auf beiden Seiten gleich hoch. (Fotos: Krumm)

> Es ist nicht so leicht, gleichzeitig locker und mit der nötigen Körperspannung auch in der Bewegung zu sitzen. Zu Beginn ist es besser zu wackeln, als sich zu verkrampfen!

Der leichte Sitz

Den Entlastungs- und leichten Sitz kannst du am vorgeneigten Oberkörper erkennen. Der korrekte leichte Sitz wird im Vielseitigkeits- oder Springsattel geritten, weil du dort die Bügel im Vergleich zum Dressursattel deutlich kürzer schnallen kannst. Im Dressursattel kann man mit wenig gekürzten Bügeln recht gut im Entlastungssitz reiten. Kürzt du die Bügelriemen beim Ausreiten um zwei Löcher, so werden beim Reiten über Sprünge die Riemen um vier bis fünf Löcher gekürzt. Du kannst dich im leichten Sitz besonders gut den Bewegungen

Beim korrekten leichten Sitz kann man eine senkrechte Linie von den Schultern über die Knie bis zu den Steigbügeln ziehen. Der Blick ist nach vorn gerichtet, nicht auf den Pferdehals. (Foto: Krumm)

des Pferdes anpassen. Beim Springen oder beim Bergauf- und Bergabreiten und wenn das Tempo im Galopp höher wird, kannst du leicht mit dem Oberkörper ausbalancieren und mal mehr und mal weniger den Pferderücken entlasten.

> Wie beim Dressursitz sind auch im leichten Sitz ein steifer, unruhiger Oberkörper mit verkrampften Schultern, ein krummer Buckel oder ein Hohlkreuz fehlerhaft und störend für Pferd.

Deine Knie, die durch die kürzeren Bügel stärker gebeugt sind, liegen fest am Sattel. Das ist der wichtige Knieschluss. Geht der Knieschluss verloren, wird es für dich gefährlich! Die Unterschenkel liegen mit der flachen Wade (anders ist ein Knieschluss unmöglich!) am Gurt und damit am Pferd. Weil dein Gesäß nicht so schwer im Sattel liegt, übernehmen die Unterschenkel im leichten Sitz vermehrt die treibende Hilfe. Deinen Fuß steckst du bis zur breitesten Stelle durch den Bügel, dein Fußgelenk federt nach unten, sodass auch im leichten Sitz dein Absatz der tiefste Punkt ist. Rutscht dein Unterschenkel zurück oder pendelt er hin und her, verlierst du die Balance. Ziehst du den Absatz hoch und dein Unterschenkel gerät zu weit nach hinten, fällst du nach vornüber – du kommst vor die Bewegung. Meistens geht dabei auch die Verbindung zum Pferdemaul verloren.

Die Hilfen gibst du im leichten Sitz mehr über das Knie und den Bügeltritt, sonst sind sie genauso wie im Dressursitz. Du führst aber dein Pferd, ganz besonders in den Wendungen im Galopp, mehr am äußeren Zügel.

Was Prüfer gerne fragen
- Was weißt du über den Dressursitz?
- Was über den Entlastungssitz und den leichten Sitz?

Alles im Griff: Zügelführung und Gertenhaltung

Zügelführung

Mit den Zügeln stellst du eine Verbindung von deinen Händen zum Trensengebiss im empfindlichen Pferdemaul her. Die richtige Haltung deiner Hände und wie du die Zügel benutzt wird Zügelführung genannt. Wenn du bedenkst, dass das Trensengebiss direkt in einer Zahnlücke auf den Kiefern deines Pferdes liegt, verstehst du sofort, dass du stets rücksichtsvoll und vorsichtig mit den Zügeln umgehen musst. Gib öfters nach, vor allem wenn du dir nicht sicher bist, da das Pferd den Rücken und den Hals immer wieder entspannen muss.

Die richtige Handhaltung musst du üben! Der Zügel läuft zwischen deinen Ringfingern und den kleinen Finger hindurch nach außen zu den Trensenringen. Du schließt die Hände zur Faust und stellst sie aufrecht. Dabei drückst du dein Handgelenk nicht durch! Handkante und Unterarm bilden eine gerade Linie. Deine kleinen Finger stehen einander näher als die Daumen. Die Daumen werden wie ein kleines Dach auf die Zügelfaust gelegt. Sie verhindern, dass dir die Zügel aus der Hand gezogen werden. Dein ganzer Arm mit seinen Gelenken bleibt locker und entspannt.

> Stell dir vor, dass du in jeder Hand einen kleinen Vogel hast. Schließt du die Fäuste zu eng und versteifst die Handgelenke, erdrückst du die Vögel. Sind deine Fäuste nicht geschlossen, fliegen sie weg. Verdeckst du die Fäuste, kippst sie also nach innen, stoßen sie mit den Köpfen aneinander.

Gertenhaltung

Benutze anfangs eine mittellange Gerte (ca. 1 Meter). Mit der Gerte kannst du deinen treibenden Schenkel unterstützen. Sie wird daher dicht hinter dem Unterschenkel eingesetzt. Dabei kann es leicht passieren, dass das Pferd unbeabsichtigt einen Ruck ins Maul bekommt. Nimm die Hand für die Gertenhilfe weich seitwärts vom Pferdehals weg, um deinen Oberschenkel zu umgehen.

Normalerweise trägt man die Gerte in der inneren Hand. Beim Handwechsel wechselt auch die Gerte von einer zur anderen Hand.

Die richtige Haltung der Zügelfäuste. Zum Annehmen drehst du die Fäuste nach innen und oben, zum Nachgeben gehst du mit den Fäusten in Richtung Pferdemaul, ohne die Zügelverbindung zu verlieren. (Zeichnung: Krumm)

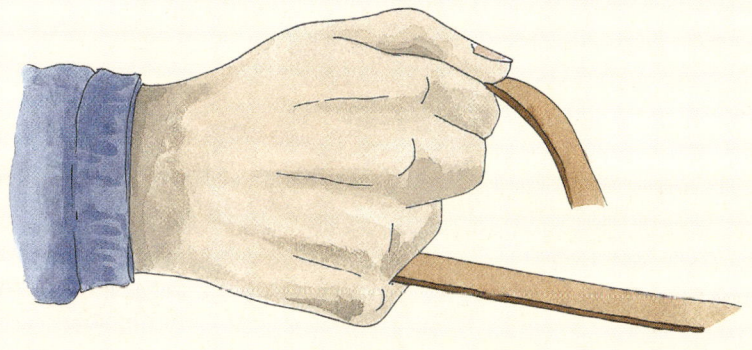

Richtig hilfreich: die Reiterhilfen

Alle guten Reiter, egal ob Dressur-, Spring-, Vielseitigkeits-, Western- oder Freizeitreiter, verbindet eines: Sie können sich ganz harmonisch mit ihren Pferden verständigen. Damit du auch so ein guter Reiter wirst, musst du deinem Pferd verständlich machen, was du von ihm willst. Dazu gibst du mit deinem Körper – dem Gewicht, den Beinen und mit den Händen – Signale an das Pferd weiter. Man nennt diese Signale Hilfen.

Wie beim freihändigen Fahrradfahren ist auch beim Reiten die Balance alles. (Zeichnung: Krumm)

Gewichts-, Schenkel- und Zügelhilfen sind, fein aufeinander abgestimmt, das ganze Geheimnis der Reiterei. Man braucht viele Jahre, um dieses Zusammenspiel meisterlich zu beherrschen.

Probier aus, welche Muskeln du anspannen musst, damit der Hocker kippelt – so funktionieren die Gewichtshilfen. (Zeichnungen: Krumm)

Gewichtshilfen

Sitzt du ruhig im Gleichgewicht, kann dein Pferd dich leichter tragen. Verlagerst du dein Gewicht in eine Richtung, so folgt dein Pferd dir. Du sitzt in die Richtung, in die du reiten willst. Drückst du mit beiden Gesäßknochen nach vorn gegen die Sattelkammer, indem du das Becken ein wenig kippst, als ob du mit einem Hocker „kippelst", so ist das ein Zeichen für das Pferd, die Hinterbeine aktiver einzusetzen und das Tempo zu beschleunigen. Unterstützt wird die Gewichtshilfe durch die Schenkelhilfe.

Links:
So liegt der trei-
bende Schenkel am
Gurt.

Rechts:
Der verwahrende
Schenkel liegt kurz
hinter dem Gurt.
(Fotos: Krumm)

Schenkelhilfen

Mit den flach am Pferd liegenden Waden nimmst du Kontakt zu den Hinterbeinen deines Pferdes auf. Es genügt, dass du die Wade anspannst und den Absatz nach unten federn lässt, damit dein Pferd die Hinterbeine energischer bewegt.

> Klopfende oder gar schlagende Schenkel stören das Pferd und machen es nervös, weil es nicht versteht, was du von ihm verlangst.

Beide Schenkel haben aber auch noch verschiedene andere Aufgaben: Der innere Schenkel (das ist der linke auf der linken Hand und der rechte auf der rechten Hand) ist in der Regel der treibende Schenkel. Er liegt am Gurt und treibt, unterstützt von den Gewichtshilfen, vorwärts oder zur Seite. Der äu-ßere Schenkel liegt etwa eine Handbreit hinter dem Gurt und „verwahrt" das Pferd auf der richtigen Spur, das heißt er sorgt dafür, dass das Pferd nicht mit der Hinterhand zur Seite tritt („ausfällt").

Zügelhilfen

> Die Zügelhilfe ist die einzige Hilfe, die nie allein angewendet werden darf. Immer wird sie mit Gewichts- und Schenkelhilfen zusammen gegeben.

Man unterscheidet nachgebende (etwas nach vorn gehende), annehmende (nach innen eingedrehte Zügelfäuste) und durchhaltende (elastisch hingestellte Hände) Zügelhilfen. Hinzu kommt die richtunggebende Hilfe.

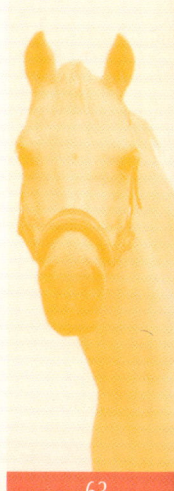

> Es schadet dem Pferd, wenn nur an einem oder beiden Zügeln gezogen wird, ohne die Unterstützung von Schenkel und Kreuz! Nur an den Zügeln zu ziehen ist schlechtes Reiten!

Was Prüfer gerne fragen
Was weißt du über die Hilfen des Reiters?

Hilfsmittel

Es gibt einige Hilfsmittel, die die Reiterhilfen unterstützen: Die Stimme ist sehr wichtig! Sie beruhigt, muntert auf oder kommt auch einmal scharf verwarnend. In der Prüfung muss es natürlich fast ohne gehen. Aber loben solltest du ein Reiterleben lang!

Die Gerte wird nur kurz zur Unterstützung des treibenden Unterschenkels benutzt, niemals zum Bestrafen des Pferdes, denn dadurch zerstörst du das Vertrauen. Sporen unterstützen ebenfalls die Schenkelhilfen. Du musst schon einige Sicherheit im Sattel erlangt haben, um Sporen tragen zu können, denn ein unruhiger Schenkel führt dazu, dass der Sporn versehentlich immer wieder das Pferd berührt.

Leichter als gedacht: das Leichttraben

Im Trab bewegt sich dein Pferd im Zweitakt schwungvoll vorwärts. Es fußt mit dem inneren Hinterfuß und dem äußeren Vorderfuß gleichzeitig auf, dann folgt eine Schwebephase, in der kein Fuß die Erde berührt. Darauf fußen der äußere Hinterfuß und der innere Vorderfuß zur gleichen Zeit auf. Im Aussitzen sitzt du tief im Sattel und schwingst gleichmäßig in der Bewegung mit. Im Leichttraben entlastest du den Pferderücken, indem du dich nur jeden zweiten Tritt im Sattel niederlässt. Jetzt schaust du auf die Schultern deines Pferdes und beobachtest, wie die Schultern hin- und herschwingen. Nun zählst du mit: äußere Schulter = 1, innere Schulter = 2. „1–2, 1–2.“ Wenn die äußere Schulter zu dir zurückkommt (1), setzt du dich, und bei 2 (innere Schulter) lässt du dich von der Bewegung mit aus dem Sattel nach oben nehmen. Dann trabst du auf dem „richtigen Fuß“. Lass dich nur so hoch schwingen, wie die Bewegung deines Pferdes es vorgibt!

Fast wie fliegen: Links- und Rechtsgalopp

Angaloppieren ist ganz einfach: Reitest du auf der rechten Hand, legst du den äußeren, linken Schenkel eine Handbreit (nicht mehr!) hinter den Sattelgurt, während der rechte, innere treibend dicht am Gurt bleibt. Du stellst den linken, äußeren Zügel gut an und schiebst deinen inneren Gesäßknochen nach vorwärtsabwärts. Dabei geht deine rechte Hand etwas

der Schulter deines Pferdes erkennen, ob du im „richtigen" Galopp bist. Wenn die innere Schulter weiter vorschwingt als die äußere, bist du im „richtigen" Galopp.

Disziplin, bitte!
Reitbahnregeln

Bevor du mit deinem Pferd den Reitplatz betrittst, rufst du laut und verständlich „Tür frei?" (das ist eine Frage und nicht etwa ein Befehl!) und wartest die Antwort „Ist frei!" ab. Erst dann führst du das Pferd zum Aufsitzen in die Bahn (siehe Seite 57). Dass du grüßt, wenn du die Halle oder den Platz betrittst, und dich verabschiedest, wenn du sie verlässt, versteht sich von selbst. Bitte nicht mit der Bandentür knallen, und die Steigbügel ziehst du leise herab! Junge Pferde reagieren häufig sehr empfindlich auf derartigen Lärm. Auch laute Unterhaltung mit anderen Reitern stört diejenigen, die ihre Pferde konzentriert reiten möchten.

Galoppieren macht Spaß! Hier kann man deutlich sehen, wie im Rechtsgalopp das rechte Hinterbein unter den Schwerpunkt des Pferdes tritt. (Foto: Slawik)

vor (so als ob du einen großen Schritt machen wolltest). So springt dein Pferd in den Rechtsgalopp. Auf der linken Hand ist alles spiegelverkehrt. Auf der rechten Hand wird normalerweise im Rechtsgalopp und auf der linken Hand im Linksgalopp geritten. Du kannst an

Damit alle wissen, wie sie in der Reitbahn einander ausweichen müssen und wer „Vorfahrt" hat, gibt es die Reitbahnregeln. (Zeichnung: Polsterer)

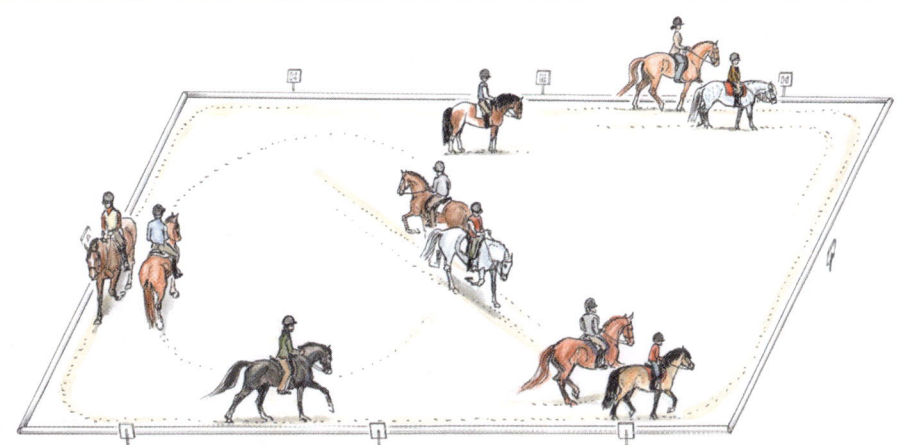

Pferdedecken und Jacken legst du nur auf den dafür vorgesehenen Platz ab. Alle nicht mehr benötigten Gegenstände (Longe, Peitsche, abgeschnallte Ausbinder) werden ordentlich beiseitegeräumt.

Aus Sicherheitsgründen musst du immer darauf achten, dass du genügend Abstand zu anderen Pferden hältst. Auch solltest du die Gerte so tragen, dass sie nicht weit von dir absteht und andere Pferde im Vorbeireiten kitzelt. Sie könnten danach schlagen.

Möchtest du auf dem Hufschlag stehen bleiben, zum Beispiel um dir die Jacke auszuziehen, rufst du laut und deutlich „Hufschlag frei?" Auch hier musst du bitte die Antwort abwarten!

In der Reitbahn gelten wichtige „Verkehrsregeln",damit es nicht zu Zusammenstößen kommt:

- Die Reiter auf der linken Hand haben immer Vorfahrt. Reitet man auf der rechten Hand, muss man in die Bahn hinein ausweichen.
- Im Schritt machen alle Reiter den Hufschlag frei. Trabende und galoppierende Pferde werden innen überholt.
- Reiter auf der ganzen Bahn haben Vorfahrt vor Reitern auf dem Zirkel (die immer nach innen ausweichen).
- Wenn sich zwei Reiter auf gleicher Linie begegnen, zum Beispiel beim „durch die ganze Bahn wechseln", weichen beide Reiter nach rechts aus, genauso wie im Straßenverkehr.
- Wenn nur wenige Reiter in der Bahn sind, wird sowohl auf der rechten wie auf der linken Hand geritten. Bei zu vielen Reitern wird häufig auf einer Hand geritten, also alle reiten linksherum (linke Hand) oder rechtsherum (rechte Hand). Wenn kein Reitlehrer in der Halle ist, hat der Reiter mit der größten Erfahrung das Kommando: Er sagt von Zeit zu Zeit „Handwechsel" an. Diesem Kommando musst du sofort auf dem kürzesten Wege folgen.

Mehr als Kringel: die Hufschlagfiguren

Der „Trampelpfad" in der Bahn heißt Hufschlag, alle Abweichungen davon nennt man Hufschlagfiguren. Rund um das Viereck sind Buchstaben, die Bahnpunkte, angebracht. Mit einer Eselsbrücke kannst du sie dir gut merken: **M**ein **B**ruder **F**ritz **K**auft **E**ine **H**ose bei **C** und **A**.

Der Mittelpunkt der der Bahn ist **X**. Nach diesen Punkten musst du dich richten, um die Hufschlagfiguren richtig auszuführen. Du beweist damit, dass du in der Lage bist, dein Pferd ganz genau dorthin zu reiten, wohin du willst und nicht, dass dein Pferd seinen eigenen Weg geht. Zum anderen wird dein Pferd durch richtig gerittene Hufschlagfiguren gymnastisiert; es wird gehorsamer und geschmeidiger. Neben der ganzen Bahn ist der kreisrunde Zirkel die wichtigste Hufschlagfigur.

Was Prüfer gerne fragen
- Welche Hufschlagfiguren kennst du?
- Welche Kommandos kennst du?

Das musst du für das Große und das Kombinierte Hufeisen können

Für das Große Hufeisen musst du über Grundlagen im Dressurreiten verfügen, die du in der Abteilung im Rahmen eines Dressurreiter-Wettbewerbs der Klasse E zeigst. Für das Kombinierte Hufeisen dürfen sich die Teilnehmer eine Mannschaftsaufgabe selbst zusammenstellen. Außerdem müssen sie das Reiten im leichten Sitz zeigen.

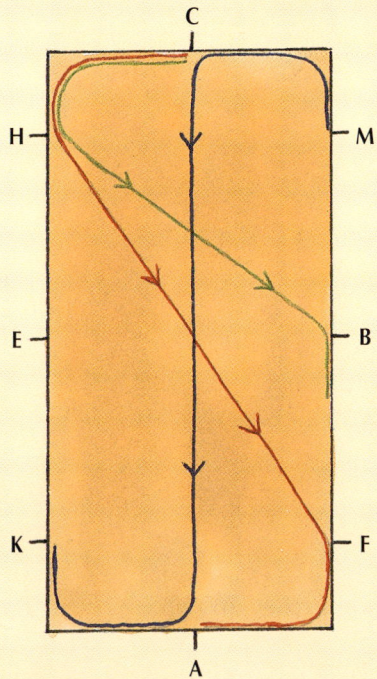

Rot: Durch die ganze Bahn wechseln.
Grün: Durch die halbe Bahn wechseln.
Blau: Durch die Länge der Bahn wechseln.

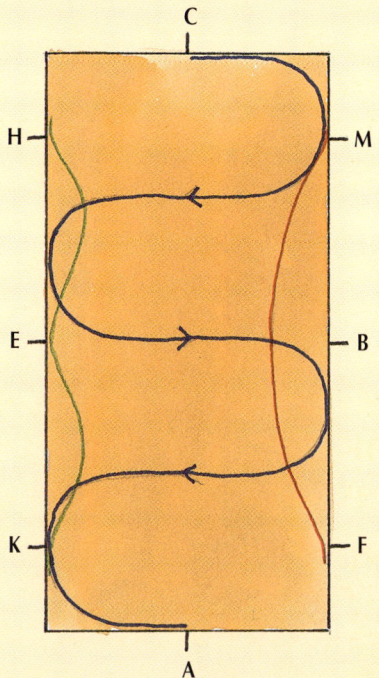

Rot: Einfache Schlangenlinie.
Grün: Doppelte Schlangenlinie.
Blau: Schlangenlinien durch die ganze Bahn.

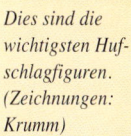

Dies sind die wichtigsten Hufschlagfiguren. (Zeichnungen: Krumm)

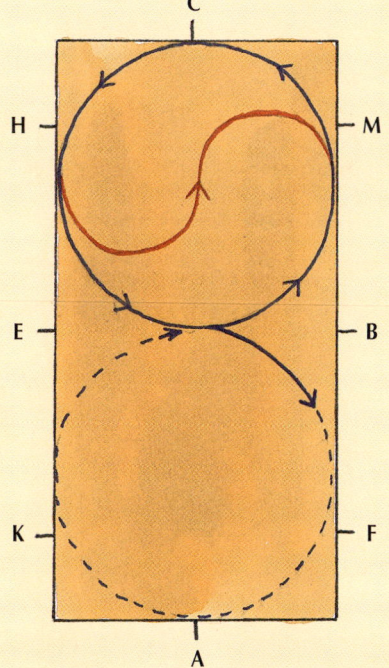

Blau: Auf dem Zirkel geritten. Aus dem Zirkel wechseln.
Rot: Durch den Zirkel wechseln.

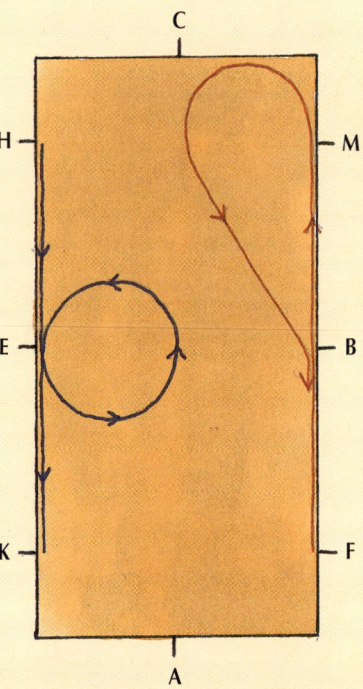

Blau: Volte.
Rot: Aus der Ecke kehrt.

Manchmal wird eine festgelegte Aufgabe aus dem offiziellen Aufgabenbuch geritten, die du vorher üben kannst. Meistens gibt aber dein Reitlehrer das Kommando während der Prüfung. Keine Sorge, es ist alles geübt worden!

Zu Beginn gibt der Reitlehrer meist das Kommando „Auf der linken Hand Abteilung bilden!" Dann nennt er den Namen des ersten Reiters, der dann die linke Hand hebt und laut „Anfang hier!" ruft. Danach werden die folgenden Reiter aufgerufen, die ihre Pferde auf möglichst kurzem Wege auf den zugewiesenen Platz lenken. Der Abstand zum Vordermann beträgt üblicherweise zwei Pferdelängen, das heißt du siehst, wenn du zwischen den Ohren deines Pferdes hindurchschaust, das ganze Pferd des Vordermannes und etwas Reitplatzboden. Wenn es heißt: „Abstände gut so!", prägst du dir ein, was du vom Vorreiter siehst. Diesen Abstand solltest du die ganze Prüfung über beibehalten!

Hast du ein kleines Pferdchen, das nur kurze Schritte macht, musst du die Reitplatzecken abrunden oder sogar die Bahn etwas verkürzen, um den Abstand immer wieder herzustellen. Mit einem großen Pferd reitest du tief in die Ecken, um den Weg zu verlängern. Jeder Einzelne wird aufgerufen, anzutraben und dann anzugaloppieren. Danach schließt du dich der Abteilung wieder an. Keine Angst: Es wird genauso wie im Unterricht sein!

Man muss sich gut merken, wie viel man vom Vordermann und eventuell vom Reitplatzboden sieht. (Zeichnung: Krumm)

Ganz wichtig: Immer hinter dem Vordermann bleiben und den Abstand halten!

Bewertung der Prüfung
Die Richter beurteilen Sitz, Einwirkung und den Gesamteindruck, zu dem auch der Pflegezustand des Pferdes und der Ausrüstung gehört. Der Schwerpunkt der Beurteilung liegt auf deinem Sitz, denn er ist eine wichtige Grundlage für jedes gute Reiten. Nur mit einem ausbalancierten, losgelassenen Sitz kannst du korrekt auf ein Pferd einwirken.

Über Stangen reitet man immer im leichten Sitz. (Foto: Bosse)

Kleine Hüpfer: Cavalettis und kleine Sprünge

Jede Springausbildung – sei es für Pferde oder Reiter – beginnt mit dem Reiten über am Boden liegende Stangen. Über diesen winzigen Hindernissen können junge Pferde und Reiter in aller Ruhe üben, worauf es ankommt. Geeigneter als Stangen sind Cavalettis, weil sie nicht so leicht wegrollen können. Cavalettis sind Stangen, die zwischen zwei seitlichen Kreuzen befestigt sind. Je nachdem wie diese Kreuze gedreht werden, liegen die Stangen entweder am Boden oder sind 20 bis 40 Zentimeter hoch. Werden Cavalettis in passenden Abständen hintereinander auf den Boden gestellt, können sie in flüssigem Tempo im Schritt, Trab oder Galopp überwunden werden. Pferde und Reiter lernen dabei, über Hindernissen im Rhythmus zu bleiben.

Für das Kleine Hufeisen musst du im Schritt und im Trab über je drei bis vier Stangen reiten. Dein Pferd soll nicht springen, sondern taktmäßig darüberschreiten oder -treten. Über Hindernisse wird immer im leichten Sitz geritten (siehe Seite 59). Übe dies in aller Ruhe im Schritt und Trab, bevor du dich ans Galoppieren wagst. Die Richter wollen sehen, dass du energisch vorwärtsreitest und dich, geschmeidig und ohne zu stören, dem Pferd in der Bewegung anpasst.

Beim Kleinen Hufeisen wird manchmal das Reiten um Ständer oder Tonnen herum verlangt. Dabei sollst du zeigen, dass du dein Pferd auf der Schlangenlinie zwischen den Ständern oder Tonnen geschmeidig umstellen kannst.

Du musst die Kegel anschauen und genau reiten, wenn du gleichmäßig und fehlerfrei den Slalom schaffen willst. (Foto: Bosse)

Im Leichttraben vergiss nicht das Umsitzen, wenn du dein Pferd umstellst! Schau die Tonnen oder Ständer an, dann fällt dir das Umstellen deines Pferdes leichter!

Beim Reiten um die Tonnen und über die Cavalettis soll unbedingt ein gleichmäßiges Tempo geritten werden! Das Pferd darf weder vor noch hinter den Stangen davonstürmen. Die Hilfen sollen aus dem korrekten Sitz heraus gegeben werden. Das Reiten über Cavalettis, Tonnen und Ständer muss gut geübt werden, aber es macht auch sehr viel Freude!

Start frei: ein kleiner Parcours für das Große und Kombinierte Hufeisen

Du brauchst vor dem Springen keine Angst zu haben! Ein kleiner Sprung fühlt sich genauso an wie ein großer Galoppsprung. Wenn du den leichten Sitz beherrschst und im Galopp über Cavalettis reiten kannst, dann schaffst du einen kleinen Sprung ohne Probleme! Springen ist Reiten über Hindernisse – und es kann nur so gut gelingen wie das übrige Reiten! Du musst in der Lage sein, dein Pferd in geregeltem, flüssigem Tempo auf dem Weg zum Hindernis zu reiten. Das gelingt zunächst aus dem Trab am besten, weil viele Pferde im Galopp dazu neigen, den Sprung anzuziehen – sie werden schneller. Oder sie stürmen nach dem Sprung davon.

Für das Große Hufeisen musst du einen kleinen Springparcours absolvieren. Das ist eine Folge von Hindernissen, die auf einem vorgeschriebenen Weg überwunden werden müssen. Du darfst ihn vor der Prüfung üben! Die Höhe der Hindernisse von 40 bis 80 Zentimetern entspricht den Anforderungen eines Springreiter-Wettbewerbes der Klasse E. Wichtig sind ein gleichmäßiges Tempo und dass du immer zum nächsten Sprung schaust. Bei der Prüfung für das Kombinierte Hufeisen reitest du einen Geschicklichkeitsparcours mit drei bis fünf Sprüngen und vielleicht einen Slalom oder durch ein Stangenlabyrinth.

Schau dir den Parcours vorher genau an! Überleg dir, auf welcher Linie und in welchem Tempo du reiten willst!

In der Gruppe macht das Ausreiten viel mehr Spaß, und sicherer ist es auch! (Zeichnung: Polsterer)

Spaß für Könner: Reiten auf dem Außenplatz und im Gelände

Der erste Unterricht findet meistens in einer Reithalle statt. Dort fühlen sich junge Reiter und Pferde wohl und behütet. Auf einem Außenplatz ist alles anders! Die Pferde sind frischer und gehfreudiger und lassen sich allzu leicht von Geräuschen und „Gespenstern" ablenken. Wenn du draußen reiten willst, solltest du sattelfest sein und dein Pferd in allen drei Grundgangarten allein lenken können. Gut wäre es, den leichten Sitz zu beherrschen!

Es gibt ein paar Grundregeln, um sicher draußen zu reiten:

- Suche dir einen ruhigen Partner auch für den Außenplatz.
- Erkunde den Außenplatz zunächst im Schritt.
- Trabe dann im ruhigen, geregelten Tempo. Erst wenn das klappt, kannst du auch galoppieren.
- Reite niemals allein ins Gelände! Pferde fühlen sich sicherer in einer Gruppe. Im Notfall muss jemand Hilfe holen können.

- Halte im Gelände Abstand von unbekannten Gegenständen, vor denen dein Pferd scheuen könnte.
- Galoppiere zunächst stets vom Stall weg in ruhigem Tempo auf einer Strecke, die du gut übersehen kannst.
- Gehe erst in den leichten Sitz, wenn du dein Pferd sicher unter Kontrolle hast.

Weißt du Bescheid?

50. Wie findest du die richtige Steigbügellänge?

- a) Wenn der herabgezogene Bügel von der Fingerspitze bis zum Ellenbogen reicht, hat er ungefähr die richtige Länge.
- ☒ b) Wenn der herabgezogene Bügel von der Fingerspitze bis zur Achselhöhle reicht, hat er ungefähr die richtige Länge.
- c) Du stellst den linken Bügel vor dem Aufsteigen erst einmal möglichst lang ein, damit du bequem aufsteigen kannst.
- ☒ d) Zum Reiten im Gelände und zum Springen stellst du die Bügel kürzer ein als zum Dressurreiten.

51. Wo stellst du das Pferd zum Aufsteigen auf?

- a) Außerhalb der Bahn, anschließend lässt du dir die Tür öffnen.
- ☒ b) In der Mitte eines Zirkels, damit du möglichst keine anderen Reiter störst.
- c) Auf dem Hufschlag, damit die anderen Reiterinnen vorbeireiten können.

52. Was gehört zum richtigen Dressursitz?

- a) Die Steigbügel sind kürzer geschnallt als für das Springen.
- ☒ b) Die Hände stehen eine Handbreit über dem Widerrist.
- c) Der Blick ist auf den Pferdehals gerichtet.
- d) Die Fußspitzen bilden den tiefsten Punkt.
- ☒ e) Unterarm und Zügel bilden eine möglichst gerade Linie.

53. Wozu brauchst du den leichten Sitz?

- ☒ a) Zum Springen.
- ☒ b) Zum Bergaufreiten.
- c) Zum Warmreiten vor der Dressurstunde.

54. Was ist wichtig für eine gute Zügelführung?

- a) Die Handrücken müssen nach oben zeigen.
- ☒ b) Die Daumen werden wie ein kleines Dach auf die Zügelfaust gelegt.
- ☒ c) Das Pferdemaul ist sehr empfindlich, und der Rücken muss sich immer wieder entspannen können, deshalb muss mit den Zügeln immer wieder nachgegeben werden, ohne die Verbindung zum Pferdemaul aufzugeben.
- d) Es ist wichtig, die einmal gewählte Zügellänge die ganze Reitstunde über beizubehalten.
- ☒ e) Zügelhilfen werden nie allein angewendet, sondern immer mit anderen Hilfen zusammen.

55. Was gehört nicht zu den Hilfen des Reiters?

- a) Schenkel
- ☒ b) Leckerli
- c) Zügel
- ⊘ d) Gewicht

56. Was gilt für die Hilfen?

- a) Die Schenkel werden klopfend eingesetzt, damit sie für das Pferd deutlich genug sind.
- ☒ b) Mit den Gewichtshilfen kann man das Pferd dazu bringen, seine Hinterbeine aktiver zu bewegen.
- ☒ c) Der verwahrende Schenkel sorgt dafür, dass das Pferd nicht mit der Hinterhand seitlich ausfällt.
- d) Für eine annehmende Zügelhilfe muss man den ganzen Arm nach hinten ziehen.

57. Was rufst du, bevor du den Reitplatz oder die Halle betrittst?

- ☒ a) Tür frei?
- b) Platz da!
- c) Du rufst gar nichts, damit sich niemand erschrickt.

58. Welche der folgenden Reitbahnregeln ist nicht richtig?

○ a) Ein galoppierender Reiter überholt einen traben- den Reiter innen.

✗ b) Beim Reiten gilt wie im Straßenverkehr immer „rechts vor links".

○ c) Wer auf dem Zirkel reitet, muss den Reitern, die ganze Bahn reiten, ausweichen.

○ d) Im Schritt lässt man den Hufschlag frei.

⊘ e) Die Reiter auf der linken Hand haben, wenn auf ganzer Bahn geritten wird, „Vorfahrt".

59. Was bedeutet das Kommando „Handwechsel"?

○ a) Die Gerte muss in die andere Hand genommen werden.

✗ b) Alle Reiter in der Bahn wech- seln die Richtung, in die sie rei- ten, also z. B. von der linken Hand auf die rechte Hand.

○ c) Das Kommando gilt nur für tra- bende und galoppierende Reiter und nicht, wenn man nur im Schritt reitet.

60. Wozu dienen Hufschlagfiguren?

✗ a) Sie machen das Pferd geschmeidig und gehorsam.

✗ b) Mit ihnen kannst du zeigen, dass du dein Pferd genau in die Richtung reiten kannst, wie du es möchtest.

○ c) Es sieht für Zuschauer schöner aus, wenn nicht alle außen auf dem Hufschlag reiten.

61. Wie heißen typische Huf- schlagfiguren?

○ a) Kleiner Kreis

✗ b) Durch die ganze Bahn wechseln

✗ c) Zirkel

○ d) Diagonale

○ e) Aus der ganzen Bahn kehrt

62. Wie heißt der Mittel- punkt der Bahn?

○ a) M

✗ b) X

○ c) A

63. Wie reitest du über Stangen oder kleine Hindernisse?

✗ a) Du gehst in den leichten Sitz, um geschmeidig in der Bewegung mitgehen zu können.

○ b) Du sitzt aus, damit du das Pferd besser unter Kontrolle hast.

64. Was ist wichtig beim Reiten eines Parcours?

○ a) Zwischen den Sprüngen reitet man möglichst kurze Wege.

✗ b) Vor den Hindernissen erhöht man das Tempo, damit das Pferd genügend Schwung hat.

○ c) Das Tempo sollte auf der ganzen Strecke vom Anrei- ten des ersten Sprunges bis zum Durchreiten der Ziellinie möglichst gleichmäßig sein.

✗ d) Sobald du einen Sprung überwunden hast, schaust du schon das nächste Hindernis an.

65. Was musst du beim Reiten auf dem Außenplatz beachten?

✗ a) Viele Pferde lassen sich draußen leicht ablenken, deshalb musst du besonders konzentriert reiten.

○ b) Du beginnst möglichst bald zu galoppie- ren, damit das Pferd schneller ruhig wird.

✗ c) Du reitest nicht allein auf dem Außen- platz, sondern gibst deinem Pferd Sicher- heit dadurch, dass andere Pferde in der Nähe sind.

66. Warum sollte man nie allein ausreiten?

✗ a) Weil Pferde sich mit Artgenossen in ihrer Nähe sicherer und wohler fühlen.

○ b) Weil man dann leichter nach Hause fin- det, wenn man mal den Weg vergisst.

○ c) Weil Pferde gern hin und wieder Wett- rennen veranstalten und man ihnen den Spaß auf einem breiten Reitweg gönnen sollte.

✗ d) Weil im Notfall jemand Hilfe holen kann.

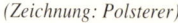

Die Besonderen

Akrobatik auf dem Pferderücken: das Wichtigste für das Hufeisen Voltigieren

Die beiden Prüfungsteile Theorie und praktischer Umgang mit dem Pferd gelten auch für Voltigierer! In der Theorie kannst du danach gefragt werden, wie ein Voltigierpferd korrekt ausgerüstet wird und wie die wichtigsten Voltigierübungen heißen.

Für das Kleine Hufeisen Voltigieren solltest du mindestens so groß sein, dass du vom Boden aus den linken Bügel des Voltigiergurtes erreichen kannst. Du solltest dich natürlich sicher auf dem Pferderücken halten und dort auch noch turnen können. Du darfst im laufenden Kalenderjahr höchstens 16 Jahre alt werden.

Wenn du 14 Jahre oder älter bist, kannst du als Einzel- oder Doppelvoltigierer das Große Hufeisen Voltigieren machen. Auch bei dieser Prüfung musst du rund um das Pferd Bescheid wissen. Du musst es anbinden, putzen und führen können und die besondere Ausrüstung zum Voltigieren kennen. Du solltest den Voltigiergurt selbst auflegen können oder wissen, wie es richtig gemacht wird. Im Trab und im Galopp musst du im Takt mitlaufen und aufspringen und zeigen, wie man eine Aufsitzhilfe gibt. Für das Kleine Hufeisen darfst du dir aussuchen, ob du die vier verlangten Übungen aus dem D-Gruppenprogramm im Schritt, Trab oder

Eine gut gelungene D-Fahne – so soll es aussehen. (Foto: Krenz)

Galopp zeigen willst. Für das Große Voltigierhufeisen (bis 18 Jahre) führst du selbstständig eine Kür und eine Pflichtaufgabe aus dem D-Programm im Galopp vor. Natürlich solltest du die Übungen benennen können.

Die Pflicht besteht aus zwei zusammenhängenden Blöcken.

Erster Block: Aufsprung, freier Grundsitz, D-Fahne und daraus in den Liegestütz und Abgang nach außen.

Zweiter Block: Quersitz, Knien, Wende nach innen.

Deine Longenführerin wird dich bei der Auswahl einer geeigneten Kür sicher beraten. Es könnte eine Einzelübung aus dem Kürprogramm der D-Gruppen sein wie zum Beispiel der „Prinzensitz" oder der „Querlieger".

> Sei nicht zu ehrgeizig! Eine einfache Übung, die gelingt, ist besser als eine schwierige, die misslingt!

Eine schöne Kürübung für zwei Voltis: Querlieger mit Liegestütz. (Foto: Krenz)

aus denen nur eine ausgewählt werden darf:

- Schwimmen (15 Minuten)
- Laufen (15 Minuten)
- Skilanglauf (30 Minuten)
- Skilaufen (am Hang anhalten und anfahren, ein kleiner Slalom)
- Radfahren, auch Mountainbiking (30 Minuten)
- Mannschaftssportarten wie Fußball, Handball, Volleyball oder Basketball (15 Minuten)

Das Hufeisen Westernreiten

Das Kombinierte Hufeisen

Auch hier musst du beweisen, dass du ein Pferd richtig putzen, anbinden und führen kannst. Und du musst über seine Bedürfnisse gut Bescheid wissen.

Im Prüfungsteil Reiten wird eine Aufgabe für zwei bis vier Reiter im Rahmen der Klasse E gefordert, die ihr selbst zusammenstellen könnt. Außerdem müsst ihr Reiten im leichten Sitz in einem selbst entworfenen Geschicklichkeitsparcours mit drei bis fünf kleinen Hindernissen zeigen. Bei der Zusammenstellung der Aufgabe und des Parcours hilft euch natürlich euer Reitlehrer.

Wenn ihr euch für Voltigieren entscheidet, werden einfache Bewegungsaufgaben auf beiden Händen und in einer beliebigen Gangart gelöst. Das können auch Partnerübungen sein.

Der zweite Teil beinhaltet verschiedene andere Sportarten. Es gibt da viele Möglichkeiten,

Da das Hufeisen Westernreiten in Westernausrüstung geritten wird, solltest du darüber genau Bescheid wissen. Auch musst du über Sinn und

Für das Hufeisen Westernreiten musst du eine Horsemanship-Aufgabe absolvieren. (Foto: Slawik)

Zweck des Westernreitens etwas sagen können. Der theoretische Teil ist genauso wie bei den anderen Hufeisenprüfungen.

Im praktischen Teil wird eine einfache Aufgabe im Umgang mit dem Pferd, eine sogenannte Horsemanship-Aufgabe, verlangt. Auch die Prüfung zum Großen Hufeisen kann von Westernreitern abgelegt werden. Anstelle des Springreiterwettbewerbes werden dabei Hindernisse überwunden, die für das Westernreiten typisch sind. Die Prüfung wird von einem Richter des Westernreiterverbandes EWU abgenommen.

(Foto: Bosse)

Lösungen zu den Fragen im Buch

Zum Kapitel „Das Pferd – (k)ein geheimnisvolles Wesen", Seite 22–23

1: b, c	**6:** b, c	**11:** a
2: c	**7:** a, c, d	**12:** b, c
3: a	**8:** b	**13:** a
4: a	**9:** b	**14:** c
5: b, c	**10:** c	**15:** b

Zum Kapitel „So hat es mein Pferd richtig gut", Seite 40–41

16: b, c	**22:** a	**28:** a, b, d
17: a, c, d	**23:** a	**29:** c
18: b, d	**24:** b	**30:** b
19: a	**25:** a, c	**31:** d
20: b, c	**26:** c, d	**32:** b
21: a, c	**27:** b, c, d	

Zum Kapitel „Richtig ausgerüstet in die Reitstunde", Seite 54–55

33: a, b	**39:** b	**45:** a, d
34: b, c, d	**40:** a	**46:** a, b, c
35: c	**41:** b	**47:** b
36: b	**42:** a	**48:** a
37: a	**43:** b, c	**49:** a, c, d, e
38: a	**44:** b, d	

Zum Kapitel „Erfolgreich im Sattel", Seite 72–73

50: b, d	**56:** b, c	**62:** b
51: b	**57:** a	**63:** a
52: b, e	**58:** b	**64:** c, d
53: a, b	**59:** b	**65:** a, c
54: b, c, e	**60:** a, b	**66:** a, d
55: b	**61:** b, c	

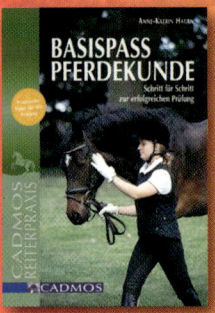